Cocktails und
Drinks

AUTOREN: HELMUT ADAM UND JENS HASENBEIN | FOTOS: MICHAEL BRAUNER

Praxistipps

4   Cocktails in der Hausbar – von der richtigen Wahl
     über die Vorbereitung bis zu Eis und Snacks
5   Kleine Mixschule: Mixen in 3 Schritten
6   Warenkunde: Wichtige Spirituosen und Liköre
8   Basis-Barzubehör: Die verschiedenen Cocktailgläser
9   Basis-Barzubehör: Die Mix-Werkzeuge
64   Alkoholfreie Drinks

Umschlagklappe hinten:
     Cocktail-Snacks
     Schöne Dekorationen

Extra

Umschlagklappe vorne:
     Die 10 GU-Erfolgstipps – mit Gelinggarantie
     für den vollen Trink-Genuss

60   Register
62   Impressum

Rezepte

10 Frisch & sprudelnd

11 Negroni Sbagliato	17 Valencia	24 Cosmopolitan
12 Elderbubble	18 Champagner Cocktail	25 Blood & Sand
12 French 75	18 Russian Spring Punch	25 Aviation
13 Golden Screw	20 Whiskey Sour	26 Dry Martini Cocktail
13 Ginger Champagner	22 Apricot Fizz	28 Fruit Martinis
14 Spritz Aperol	22 Pedro Collins	29 Breakfast Martini
14 Maserati	23 Silver Fizz	29 Mayflower Martini
16 Bellini	23 Gin-Ger Tom	
17 Earl Grey Fizz	24 American Beauty	

30 Kühl & fruchtig

31 Watermelon Man	37 Orchard Breeze	44 Caipirinha
32 Mai Tai	37 Hurricane	45 Total Recall
32 Ernest Hemingway	38 Tennessee Rush	45 Tropical Wine Cooler
Special	38 Lynchburg Lemonade	46 The Juxtaposition
34 Caribbean Punch	40 Sea Breeze	46 Fish House Punch
34 Roman Punch	41 Long Island Iced Tea	47 Moscow Lassi
36 Bossa Nova	41 Tequila Sunrise	47 Sandstorm
36 Zombie	42 Mojito	

48 Sanft & cremig

49 Scorpino	52 Chocolate Puff	59 Brandy Alexander
50 White Russian	54 Black Irish	59 Saintly Bell
51 Cocobanana	54 Wild Honey	
51 Mocha Martini	56 Piña Colada	
52 Key Lime Pie	58 Fruit & Nuts	

Cocktails in der Hausbar

Startklar für das erste Mal? Mit einem einfachen Rezept, mit etwas Planung und mit der richtigen Basis-Barausstattung sind Sie für die Cocktailstunde bestens gerüstet.

Die richtige Wahl

Über Geschmack lässt sich bekanntlich streiten. Wenn Sie also Freunde zu einem gepflegten Cocktail in die Hausbar einladen, sollten Sie die Vorlieben der Gäste kennen und darauf abgestimmte Drinks anbieten. Nicht jeder mag z. B. Maracujasaft, dafür aber vielleicht etwas Sahniges. Zwei, drei möglichst unterschiedliche alkoholische Drinks und ein alkoholfreier sind ein gutes Angebot. Wählen Sie Cocktails aus, die sich leicht vorbereiten lassen und bei denen Sie sich vorstellen können, dass sie gut ankommen. Mit Caipirinha oder Mojito liegt man so gut wie immer richtig. Beide Drinks sind Klassiker in jeder Cocktailbar, mit denen Sie in Ihrer Hausbar leichtes Spiel und garantiert Erfolg haben werden. Und mit einem Longdrink wie einem Sea Breeze werden Sie Furore machen – er schmeckt toll und ist dazu noch fix gemixt.

Die Vorbereitung

Besorgen Sie alle Zutaten rechtzeitig, auch die für die Dekoration. Stellen Sie sich alles für die jeweiligen Cocktails in Gruppen griffbereit zusammen, so müssen Sie nicht lange nach einzelnen Zutaten suchen. Entfernen Sie Deckel und Verschlüsse von den Flaschen (natürlich beiseite legen) – das spart Zeit und macht Sie souverän. Das Pressen frischer Säfte und Schneiden der Früchte für die Dekoration ist am zeitaufwändigsten. Bereiten Sie daher alles rechtzeitig vor und stellen Sie den Vorrat kalt. Strategisch günstig: Achten Sie möglichst darauf, dass Sie es nicht zu weit zum Waschbecken haben, damit Sie Shaker, Rührglas oder Mixbecher im Nu für den nächsten Drink reinigen können.

Das Eis

Ohne die richtige Temperatur ist ein Cocktail kaum mehr als ein trauriges, farbiges Wässerchen. Ohne Eis geht also gar nichts! Besorgen Sie deshalb frühzeitig genügend Eis. Bei großen Mengen können Sie es entweder sackweise vom Supermarkt oder von der Tankstelle mitbringen. Wenn Sie genug Platz im Tiefkühlfach haben, stellen Sie es am Vortag selber her, am besten in praktischen Eiswürfelbeuteln aus Plastik. Bei Bedarf lassen sie sich direkt aus der Folie ins Glas oder in den Shaker drücken.

Snacks gehören dazu

Alkohol macht hungrig. Sorgen Sie vor und halten Sie für das Wohlbefinden Ihrer Gäste auch ein paar leckere Snacks bereit. Die werden es Ihnen danken, besonders wenn der Kater am nächsten Tag ausbleibt. Die meisten Cocktails haben eine süße Basisnote, dazu passt am besten leicht salziges Fingerfood. Die einfachste Variante sind Chips oder Erdnüsse. Wer seinen Gästen etwas Besonderes bieten will, kann kleine selbst gemachte Snacks bereitstellen. Überraschen Sie Ihre Gäste zwischendurch immer wieder mit verschiedenen Snacks. Das macht vielleicht ein bisschen mehr Arbeit, sorgt aber für Abwechslung und hebt die Stimmung.

Mixen in 3 Schritten

Am Beispiel eines Whiskey Sours lernen Sie ganz easy die drei wesentlichen Schritte der Cocktailzubereitung.

Der Sour (Rezept Seite 20) ist so etwas wie der Ur-Cocktail schlechthin. Ein Großteil aller Rezepte baut auf der Dreierkombination Spirituose-Zitronensaft-Zuckersirup auf.

1 Geben Sie in den unteren Teil des Shakers ca. 7 Eiswürfel. Messen Sie dann mit einem Messbecher die übrigen Zutaten wie im Rezept angegeben ab und gießen Sie alles dazu.

2 Verschließen Sie den Shaker und schütteln Sie ihn ca. 12 Sekunden in lockeren Bewegungen – am besten aus dem Handgelenk heraus und ohne große Anstrengung. Cocktails mit mehr Zutaten oder mit Sahne, Joghurt und Likören schütteln Sie etwas länger – bis etwa 20 Sekunden.

3 Wenn die metallische Außenseite des Shakers beschlagen ist, entfernen Sie bei einem dreiteiligen Shaker die Kappe oder nehmen bei einem zweiteiligen Bostonshaker das Mixglas ab. Gießen Sie die Mischung aus dem Shaker durch das Sieb des dreiteiligen Shakers oder durch ein Barsieb in ein mit Eiswürfeln gefülltes 20-cl-Glas.

Wichtige Spirituosen und Liköre

Ohne sie geht gar nichts! Eine kleine, aber feine Auswahl an Spirituosen und Likören gehört unbedingt als Basisvorrat in eine gut sortierte Hausbar.

Wodka ist die beliebteste Mixspirituose. Das russische Nationalgetränk gibt es klar oder aromatisiert von unzähligen Herstellern. Ob Smirnoff, Absolut oder Gorbatschow – Wodka hat wenig Eigengeschmack und passt ausgezeichnet zum Mixen von Fruchtcocktails.

Gin gehört ebenfalls zu den Klassikern unter den Spirituosen und in jede Hausbar. Der Alkoholgehalt beträgt mindestens 38 % vol., bei Gin dry liegt unter 40 % vol. Der Geschmack ist sehr unterschiedlich, da die diversen Hersteller wie Gordon's, Tanqueray oder Bombay Sapphire verschiedene Gewürze zugeben. Er kommt in Aperitifdrinks gut an.

Rum und sein brasilianischer Verwandter, der Cachaça, sind beides Zuckerrohrbrände. Sie haben bei Rum die Wahl zwischen klaren, goldenen und tiefbraunen Sorten. An der Farbe erkennen Sie, wie lange er gereift ist. Verwenden Sie die dunkleren Sorten hauptsächlich als Basiszutat, die helleren zum Mixen von Cocktails mit wenig und leichten Komponenten. Beliebte Marken sind Bacardi, Havana Club und Appleton.

Tequila, der mexikanische Vertreter unter den Barspirituosen, ist vor allem pur in Verbindung mit Salz und Zitrone bekannt. Für Drinks wie den Long Island Iced Tea (Rezept Seite 41) können Sie Sauza, José Cuervo oder Sierra verwenden. Brandys sind aus Weintrauben hergestellte Brände. Mit Brandys wie Remy Martin, Veterano oder Asbach sind viele Digestif-Cocktails schnell gemixt.

Whisky oder **Whiskey**? Kommt drauf an woher er kommt: Schottischer Whisky wird eher pur getrunken. Zum Mixen sind die amerikanischen Bourbon Whiskeys besser geeignet, weil sie süßer und weicher im Geschmack sind und sich z. B. bestens mit Orangensaft oder Minze vertragen. Bekannte Sorten sind Jim Beam, Four Roses und Jack Daniels.

Süßer und trockener **Vermouth** wie Martini, Cinzano oder Noilly Prat würzen klassische Drinks und Aperitif-Cocktails. Die Geschmacksrichtung »Rosso« schmeckt bitter-süß, »Bianco« mild mit leichtem Vanillearoma und »Dry« fruchtig.

Die italienischen **Bitter-Aperitifs** Campari und Aperol enthalten relativ wenig Alkohol. Sie haben eine kräftige Farbe und schmecken etwas bitter. Wegen des leicht bitteren Aromas sind sie in Before-Dinner-Drinks und auch Sektdrinks beliebt.

Orangen-, Kräuter- und Fruchtliköre wie Grand Marnier, Cointreau und Blue Curaçao, Apricot Brandy oder Crème de Menthe geben Cocktails eine leuchtende Farbe, verleihen ihnen Substanz und Süße und sorgen durch ihr besonderes Aroma für das gewisse Etwas. Ihr Alkoholanteil liegt meist zwischen 17 und 35 % vol.

Sahnelikör wie Baileys, Carolans oder Amarula sind die Basiszutat in Cocktails, die nach dem Essen getrunken werden. Nuss- und Mandelliköre wie Frangelico und Amaretto sind ebenfalls feine Zutaten für einen »Dessertmix«.

Wodka

Gin

Cachaça & Rum

Brandy & Tequila

Whisky

Vermouth

Bitter-Aperitif

Orangen- und Fruchtliköre

Sahne- und Digestifliköre

Die verschiedenen Cocktailgläser

Sektglas (15 cl): Alle Sekt- und Champagner-cocktails wie z. B. der Bellini (Rezept Seite 16) oder der French 75 (Rezept Seite 12) machen eine gute Figur im schlanken, hohen Sektglas. Aufgrund des kleinen Durchmessers des Glases kann die Kohlen-säure nicht so schnell entweichen. Neben Flöten- oder Kelchgläsern gibt es natürlich auch noch Sekt-schalen.

Cocktailschale (20 cl): Manche Sektdrinks wie den Spritz Aperol (Rezept Seite 14) können Sie auch in einer Cocktailschale servieren, vor allem dann, wenn Sie die Farbe des Cocktails zur Geltung bringen möchten. Ansonsten werden Klassiker und Digestif-Cocktails wie Brandy Alexander (Rezept Seite 59) in diesem Glas serviert.

Martiniglas (15 cl): Das Martiniglas ist mit seiner berühmten V-Form besonders elegant und in erster Linie für den klassischen Martinicocktail und seine modernen Varianten, die Fruit-Martinis (Rezepte ab Seite 26), bestimmt.

Großes Cocktailglas (38 cl): Das in der Bar ge-bräuchlichste Glas: Es kann viel Eis und eine grö-ßere Menge an Flüssigkeit aufnehmen. Süße Cock-tails wie Mai Tai (Rezept Seite 32) fühlen sich wohl in diesem Glas. Das große Cocktailglas gibt es in verspielten, geschwungenen Formen oder ganz schlicht und gradlinig.

Tumbler (20 cl): Für puren Genuss eines Whis-keys oder Baileys auf Eis, aber auch für Cocktails mit kleinerem Volumen wie die Sours (Rezept Seite 20) ist der Tumbler, ein Becherglas mit di-ckem Boden, das Standardglas. Es passt auch su-per, um einen Cocktail, der sonst in die Cocktail-schale kommt, auf Eis zu servieren.

Longdrinkglas (20 cl): Ähnlich wie den Tumbler gibt es auch das Longdrinkglas in fast jedem Haus-halt. Entweder servieren Sie darin Gin & Tonic, Wodka Lemon oder Cocktails wie Sea Breeze oder einen Pedro Collins (Rezepte Seite 40 oder 22).

Die Mix-Werkzeuge

Shaker, Rührglas   Icecrusher   Barmaß, Stößel, Barlöffel

Shaker: Shaker gibt es in verschiedenen Ausführungen und Formen. Für den Anfang reicht ein dreiteiliger Shaker aus Metall. Er hat im Mittelstück bereits ein eingebautes Sieb, so dass Sie nach dem Schütteln die eiskalte Flüssigkeit ohne zusätzliches Barsieb in das Glas abseihen können. Schöner, aber etwas schwieriger im Umgang ist der zweiteilige Shaker, auch Bostonshaker genannt. Da er kein Sieb hat, brauchen Sie zusätzlich ein Barsieb.

Rührglas: Drinks mit wenigen Zutaten, die sich leicht verbinden, werden im Rührglas gerührt. Das Rührglas ist ein hochwandiges Glas mit einem Schnabelausgießer. Eine gute Alternative ist das Glas des Bostonshakers.

Icecrusher: Er ist praktisch, wenn Sie Cocktails mit zerstoßenem Eis servieren möchten. Es gibt elektrische Eiscrusher oder als Eismühle mit Handkurbel. Die Alternative dazu: Eiswürfel in ein sauberes Geschirrtuch wickeln und mit einem harten Gegenstand wie einem Nudelholz zerkleinern.

Elektrischer Mixer: Er ist ideal zum Mixen von Fruchtpürees aus frischen oder tiefgekühlten Früchten. Oder wenn Zutaten wie Eiscreme, Sahne oder Milch mit Spirituosen und Säften gemixt werden. Auch eine feine Sache, wenn Sie Drinks für viele oder in größeren Mengen mixen möchten.

Barmaß: Für die richtigen Mengenverhältnisse ist dieser kleine Messbecher zuständig. Mit dem Barmaß können Sie Zutatenmengen in 2-cl- und 4-cl-Einheiten ganz leicht dosieren.

Barstößel: Damit zerdrücken Sie Limettenstücke oder lösen ätherische Öle aus Minzeblättern. Es gibt robuste und abwaschbare Stößel aus Holz, Hartplastik oder Metall in verschiedenen Größen.

Barlöffel: Mit dem langstieligen Barlöffel verrühren Sie Cocktailzutaten mit Eis im Rührglas wie beim Martinicocktail oder Manhattan. Sie können ihn als Maßeinheit für kleine Mengen Sirup und Sahne benutzen. Er fasst ca. 0,5 cl.

Frisch & sprudelnd

Italienische Bittercocktails, prickelnde Drinks mit Sekt oder Martinis sind eine gute Wahl, wenn es frisch und spritzig sein soll. Cocktails mit trockenem Sekt, Champagner oder Prosecco empfehlen wir deshalb besonders gerne als Aperitif vor einem feinen Essen oder einfach zwischendurch zur Happy Hour. Negroni Sbagliato ist momentan der In-Drink in Mailand.

Negroni Sbagliato

2 cl Campari
2 cl roter Vermouth (z. B. Cinzano Rosso)
6 cl Prosecco
1 Bio-Orangenspalte
Außerdem
Eiswürfel
Shaker
Barsieb
Sektglas (15 cl)

1 Campari und Vermouth mit 4–6 Eiswürfeln in den Shaker geben. Den Shaker fest verschließen und etwa 10 Sek. kräftig schütteln.

2 Die Mischung aus dem Shaker durch das Barsieb in ein möglichst vorgekühltes Sektglas geben und mit dem Prosecco auffüllen. Die Orangenspalte als Dekoration ins Glas geben.

SOMMERVARIANTE
Wenn's draußen heiß ist, können Sie den Sbagliato auch in einem Weißweinglas mit 2–3 Eiswürfeln servieren. Das erfrischt und bringt richtig Sommerlaune ins Glas.

Elderbubble

1 Scheibe Salatgurke (ca. 1 cm) | 2 cl Wodka |
1,5 cl Holunderblütensirup | 2 Spritzer frisch
gepresster Zitronensaft | 6 cl Champagner
Außerdem: Eiswürfel | Holzstößel | Shaker |
Barsieb | Sektglas (15 cl)

1   Die Gurkenscheibe in den Shaker geben und mit
dem Holzstößel kurz und sanft andrücken.

2   Den Wodka mit dem Holunderblütensirup, dem
Zitronensaft und 5 Eiswürfeln in den Shaker geben.
Den Shaker fest verschließen und ca. 15 Sek. kräftig
schütteln.

3   Die Mischung aus dem Shaker durch das Barsieb in ein möglichst vorgekühltes Sektglas gießen
und mit dem Champagner auffüllen.

French 75

2 cl Gin | 0,5 cl frisch gepresster Zitronensaft |
0,5 cl Zuckersirup | 6 cl Champagner |
1 Cocktailkirsche (möglichst mit Stiel)
Außerdem: Eiswürfel | Shaker | Barsieb |
Sektglas (15 cl)

1   Den Gin, den Zitronensaft, den Zuckersirup und
6 Eiswürfel in den Shaker geben. Den Shaker fest
verschließen und ca. 10 Sek. kräftig schütteln.

2   Die Mischung aus dem Shaker durch das Barsieb in ein möglichst vorgekühltes Sektglas gießen
und mit Champagner auffüllen. Die Cocktailkirsche
in das Glas gleiten lassen.

PROMILLE-TIPP

Der French 75 kann vom Alkoholgehalt her unterschiedlich stark ausfallen, je nachdem welchen Gin Sie verwenden. Gin gibt es mit 37,5 % vol. bis zu 47,3 % vol.
Trinken Sie ihn zum Aperitif, dann wählen Sie eine
Ginsorte mit weniger Promille.

für Genießer | harmonisch

Golden Screw

1 cl Cognac | 1 cl Apricot Brandy | 2 cl frisch gepresster Orangensaft | 5 cl Champagner | 1 Physalis
Außerdem: Eiswürfel | Rührglas | Barsieb | Barlöffel | Sektglas (15 cl)

1 Den Cognac, den Apricot Brandy, den Orangensaft und 6 Eiswürfel in das Rührglas geben und mit dem Barlöffel ca. 8 Sek. kräftig verrühren.

2 Die Mischung aus dem Rührglas durch das Barsieb in das Sektglas gießen und mit dem Champagner auffüllen.

3 Die trockenen Blätter der Physalis öffnen und »zusammenzwirbeln«. Die Frucht an der Unterseite leicht anschneiden und auf den Glasrand stecken.

DEKOTIPP
Wenn Sie möchten, können Sie die Physalis auch in Scheiben schneiden und in den Drink geben.

sehr aromatisch | prickelnd

Ginger Champagner

1 Msp. frisch geriebener Ingwer | 2 cl Wodka | 8 cl Champagner oder trockener Sekt
Außerdem: Eiswürfel | Holzstößel | Shaker | Barsieb | Sektglas (15 cl)

1 Ingwer und Wodka in den Shaker geben und mit dem Stößel kräftig zerdrücken. 6 Eiswürfel zufügen.

2 Den Shaker fest verschließen und ca. 10 Sek. kräftig schütteln. Die Mischung aus dem Shaker durch das Barsieb in ein möglichst vorgekühltes Sektglas gießen und mit gut gekühltem Champagner oder trockenem Sekt auffüllen.

TIPP – FÜR INGWERSAFT
Für mehrere Drinks ein Stück frischen Ingwer (ca. 3 cm) schälen, sehr klein schneiden und in ein sauberes Tuch geben. Das Tuch über einer Tasse fest zusammendrehen, so dass der Ingwersaft heraustropft. Mit dem Wodka ins Sektglas geben und mit Champagner aufgießen.

sehr leicht & farbenfroh

Spritz Aperol

Der orangefarbene Aperol wirkt mit eiskaltem Prosecco aufgefüllt belebend und erfrischend.

2 cl Aperol
10 cl Prosecco
1 Bio-Limettenspalte
Außerdem
Eiswürfel
Cocktailschale (20 cl) oder Martiniglas

1 2 Eiswürfel und den Aperol in die Cocktailschale oder in das Martiniglas geben. Mit dem Prosecco auffüllen.

2 Etwas Saft aus der Limettenspalte ins Glas drücken, dann die Limettenspalte als Dekoration in das Glas geben.

VARIANTEN
Wenn Sie es noch leichter mögen, einfach einen kräftigen Schuss kohlensäurehaltiges Mineralwasser dazugießen. Oder den Prosecco durch einen frischen, leichten Weißwein ersetzen. Lieben Sie es aromatischer? Dann geben Sie zusätzlich noch 1 cl Campari dazu.

GUT ZU WISSEN
Lieben Sie bunte Aperitifcocktails? Dann ist der orangefarbene Aperol genau die richtige Mixzutat. Der beliebte italienische Rhabarberbitter hat nur wenig Alkohol und ein sanftes, blumiges Aroma.

säuerlich-bitter & signalrot

Maserati

Spitzenreiter unter den Bitter-Aperitifs ist Campari – hier als Erfrischung mit Prosecco und Grapefruitsaft gemixt.

2 cl Campari
2 cl Grapefruitsaft
1 Spritzer Zuckersirup
6 cl Prosecco
1 kleine Bio-Grapefruitspalte
Außerdem: Eiswürfel | Shaker | Barsieb | Sektglas (15 cl)

1 Campari, Grapefruitsaft, Zuckersirup und 5 Eiswürfel in den Shaker geben. Den Shaker fest verschließen und 10 Sek. kräftig schütteln.

2 Die Mischung aus dem Shaker durch das Barsieb in ein möglichst vorgekühltes Sektglas gießen und mit Prosecco auffüllen. Die Grapefruitspalte als Dekoration in das Glas geben.

VARIANTEN
Anstelle von Campari können Sie auch Aperol oder statt Grapefruitsaft mal Mandarinensaft nehmen.

TIPP – EINFACH ZUCKERSÜSS
Zucker löst sich schlecht in kalter Flüssigkeit auf. Deshalb erfanden clevere Barkeeper den Zuckersirup als Süßungsmittel. Sie können ihn aus je einem Teil Zucker und Wasser leicht selber herstellen. Beides in einem Topf erhitzen, 1 Min. kochen, dann abkühlen lassen. Den Sirup in eine Flasche abfüllen und kalt stellen.

feinfruchtig | angenehm prickelnd

Bellini

Dieser dezent rosafarbene Drink ist die italienische Antwort auf den kräftig dunkelroten Kir aus dem französischen Dijon.

½ weißer Pfirsich | 6 cl Prosecco
Außerdem: Sektglas (15 cl) | Barlöffel

1 Den Pfirsich kurz überbrühen, häuten, entsteinen und mit dem Pürierstab pürieren.

2 Das Pfirsichpüree in das Sektglas geben. Die Hälfte von dem Prosecco dazugießen und mit dem Barlöffel vorsichtig verrühren, so dass die Kohlensäure nicht entweicht. Den übrigen Prosecco dazugießen und ebenfalls verrühren.

VARIANTEN

Statt Pfirsich können Sie auch andere Früchte pürieren, z. B. Mango, Papaya, Melone oder Feigen. Manche Fruchtvarianten haben sogar eigene Namen, so heißt der Drink mit Erdbeerpüree Rossini, mit Himbeermus Testarossa. Hauptsache die Früchte sind schön reif. Sind sie es nicht, dann das Fruchtpüree mit etwas Zuckersirup (siehe auch Tipp Seite 14) süßen.

BARKEEPER-TIPP

Für einen leicht rosafarbenen Kir kommt ein Schuss (auf keinen Fall mehr) Johannisbeerlikör (Crème de Cassis) und Weißwein in ein Weißweinglas. Kir Royal ist ein Klassiker unter den Sektdrinks. Dafür einen Schuss Crème de Cassis in eine Sektflöte gießen und mit eiskaltem Sekt oder Champagner auffüllen.

very british | macht munter

Earl Grey Fizz

1 TL Earl-Grey-Tee (ersatzweise 1 Teebeutel) |
2 cl Wodka | 0,5 cl Zuckersirup | 6 cl Champagner |
1 Stück Schale von 1 Bio-Zitrone
Außerdem: Eiswürfel | Shaker | Barsieb |
Sektglas (15 cl)

1 Den Tee in einem Teesieb in eine Tasse geben.
Mit heißem Wasser überbrühen, 5 Min. ziehen lassen, Teesieb entfernen und den Tee abkühlen lassen.

2 Wodka, 1 cl Tee, Zuckersirup und 5 Eiswürfel in
den Shaker geben. Den Shaker fest verschließen
und 10 Sek. kräftig schütteln.

3 Die Mischung aus dem Shaker durch das Barsieb in ein Sektglas abgießen und mit Champagner
auffüllen. Die Zitronenschale dazugeben.

VARIANTE
Geben Sie anstelle der Zitronenschale je 1 Zitronen- und
Orangenspalte in den Drink.

mild-fruchtig

Valencia

1 cl Apricot Brandy | 0,5 cl frisch gepresster
Orangensaft | 8 cl Cava oder Prosecco | ½ Bio-
Orangenscheibe
Außerdem: Eiswürfel | Shaker | Barsieb |
Sektglas (15 cl)

1 Den Apricot Brandy, den Orangensaft und 6 Eiswürfel in den Shaker geben. Den Shaker fest verschließen und ca. 12 Sek. kräftig schütteln.

2 Die Mischung aus dem Shaker durch das Barsieb in das Sektglas gießen. Die Orangenscheibe
als Dekoration in das Glas geben.

VARIANTE
Wer einen kräftigeren Valencia möchte, gibt zusätzlich
zu Apricot Brandy und Orangensaft noch 2 cl Wodka
dazu.

Klassiker | süß-aromatisch

Champagner Cocktail

1 Stück Würfelzucker
2 Spritzer Angostura
10 cl Champagner
Außerdem
Barlöffel
Sektglas (15 cl)

1 Den Würfelzucker auf den Barlöffel legen und mit dem Angostura tränken.

2 Das Zuckerstück vorsichtig in ein Sekt- oder Champagnerglas legen und das Glas mit dem Champagner auffüllen.

VARIANTE

Mit dem getränkten Würfelzucker zusätzlich 2 cl Cognac und einen Spritzer Orangenlikör (z. B. Grand Marnier) in das Glas geben. Dann mit eiskaltem Champagner aufgießen und mit einem kleinen Stück Orange dekorieren.

TIPP – KRÄUTERWÜRZIG

Angostura Bitters wird nach geheimer, streng gehüteter Rezeptur aus Kräutern und Wurzeln hergestellt. Er kommt hauptsächlich zum Abrunden des Geschmacks in den Cocktail. Wer Cocktails besonders herb mag, gibt 1–2 Spritzer mehr dazu.

GUT ZU WISSEN

Je trockener der Champagner, desto besser kommt die herrlich bitter-süße Note des Drinks zur Geltung.

feinfruchtiger Kontinentalsommerdrink

Russian Spring Punch

2 cl Wodka
0,5 cl Crème de Cassis
2 cl frisch gepresster Zitronensaft
0,5 cl Zuckersirup
6 cl Champagner
3 Bio-Zitronenscheiben
1 Stängel Minze
5–6 frische Waldbeeren (z. B. Himbeeren, Heidelbeeren, Brombeeren, evtl. auch leicht angetaute TK-Beeren)
Außerdem
Eiswürfel | gestoßenes Eis
Shaker | Barsieb
Longdrinkglas (20 cl) | Trinkhalm

1 Den Wodka, Crème de Cassis, Zitronensaft, Zuckersirup und 6 Eiswürfel in den Shaker geben. Den Shaker fest verschließen und ca. 10 Sek. kräftig schütteln.

2 Das Longdrinkglas zur Hälfte mit gestoßenem Eis füllen. Den Drink durch das Barsieb dazugießen und das Glas mit Champagner auffüllen. Die Zitronenscheiben in das Glas geben und vorsichtig umrühren.

3 Den Minzestängel in das Eis stecken, mit den Beeren kreisförmig umlegen. Mit einem Trinkhalm servieren.

GUT ZU WISSEN

Verwenden Sie statt russischem, polnischen oder französischen Wodka? Dann heißt der Cocktail entweder Polish oder French Spring Punch.

Klassiker | blitzschnell geschüttelt

Whiskey Sour

Whisky oder Whiskey – hier kommt es auf die Schreibweise und den Produktionsort an.
Der Sparsame ohne »e« ist ein Schotte – er ist allerdings nicht so geeignet.

5 cl Bourbon Whiskey
3 cl frisch gepresster Zitronensaft
2 cl Zuckersirup
1 Bio-Zitronenspalte
1 Cocktailkirsche

Außerdem
Eiswürfel
Shaker | Barsieb
Tumbler (20 cl)

1 Den Whiskey, Zitronensaft, Zuckersirup und 6 Eiswürfel in den Shaker geben. Den Shaker fest verschließen und ca. 15 Sek. kräftig schütteln.

2 5 Eiswürfel in den Tumbler geben. Den Drink durch das Barsieb dazugießen. Die Zitronenspalte und die Cocktailkirsche als Dekoration in das Glas geben.

VARIANTE – APEROL SOUR
Statt Whiskey 5 cl Aperol, 2 cl frisch gepresster Zitronensaft, 1 cl Orangensaft, 1,5 cl Zuckersirup und die Eiswürfel in den Shaker geben und 15 Sek. kräftig schütteln. Ins Glas gießen, je 1 Orangenspalte und Cocktailkirsche in das Glas geben.

VARIANTE – RAMAZOTTI SOUR
Statt Whiskey 5 cl Ramazotti, 2 cl frisch gepresster Zitronensaft, 1 cl Orangensaft und die Eiswürfel in den Shaker geben und 15 Sek. kräftig schütteln. Ins Glas gießen, je 1 Orangenspalte und Cocktailkirsche in das Glas legen.

VARIANTE – PISCO SOUR
Statt Whiskey 5 cl Pisco, 3 cl frisch gepresster Zitronensaft, 2 cl Zuckersirup, 1 ganz frisches Eiweiß, 1 Spritzer Angostura Bitters in den Shaker geben und 15 Sek. schütteln. Ins Glas gießen, je 1 Zitronenspalte und Cocktailkirsche als Dekoration in das Glas geben.

GUT ZU WISSEN
Pisco ist eine Brandyspezialität aus Peru und Chile. Er wird aus Muskatellertrauben hergestellt und reift in Tonkrügen. Dabei entwickelt sich nach und nach das besondere, leicht blumige Aroma. In Südamerika ist es sehr beliebt, den Pisco Sour mit frisch geriebener Muskatnuss zu bestäuben.

GUT ZU WISSEN
Die beliebten Fizzes und Collinses sind übrigens nichts anderes als verlängerte Sours. Sie werden im Longdrinkglas serviert und mit einem so genannten »Filler« wie Sodawasser oder Mineralwasser aufgefüllt. Wie die Sours können auch diese Drinks mit fast allen gängigen Spirituosen als Basiszutat gemixt werden. Probieren Sie doch die Drinks auf der nächsten Seite bei Gelegenheit einmal aus.

leicht prickelnd | fruchtig

Apricot Fizz

4 cl Apricot Brandy | 2 cl frisch gepresster Orangensaft | 2 cl frisch gepresster Limettensaft | 0,5 cl Zuckersirup | 6 cl kohlensäurehaltiges Mineralwasser | 1 Bio-Zitronenscheibe
Außerdem: Eiswürfel | Shaker | Barsieb | Barlöffel | Longdrinkglas (20 cl) | 1 Trinkhalm

1 Apricot Brandy, Orangen- und Limettensaft, Zuckersirup und 6 Eiswürfel in den Shaker geben. Den Shaker fest verschließen und ca. 8 Sek. kräftig schütteln.

2 Die Mischung aus dem Shaker durch ein Barsieb in das Longdrinkglas gießen und mit Mineralwasser auffüllen.

3 Mit dem Barlöffel vorsichtig verrühren. Die Zitronenscheibe bis zur Mitte einschneiden und an den Glasrand stecken. Mit Trinkhalm servieren.

kräftig | mit würziger Frische

Pedro Collins

5 cl weißer Rum | 3 cl frisch gepresster Zitronensaft | 2 cl Zuckersirup | 4 cl kohlensäurehaltiges Mineralwasser | 1 Bio-Zitronenscheibe
Außerdem: Eiswürfel | Barlöffel | Longdrinkglas (20 cl) | 1 Trinkhalm

1 Den weißen Rum, Zitronensaft, Zuckersirup und 5–6 Eiswürfel in das Longdrinkglas geben.

2 Die Zutaten kurz mit dem Barlöffel verrühren. Das Mineralwasser dazugeben und erneut vorsichtig verrühren, so dass die Kohlensäure möglichst nicht entweicht. Die Zitronenscheibe ins Glas geben.

GUT ZU WISSEN

Collinses gleichen den Fizzes. Der einzige Unterschied: Sie werden mit etwas weniger Mineralwasser oder Soda gemixt und werden vor allem nicht geschüttelt, sondern gerührt.

erfrischender Klassiker

Silver Fizz

1 ganz frisches Ei | 5 cl Gin | 3 cl frisch gepresster Zitronensaft | 2 cl Zuckersirup | 6 cl kohlensäurehaltiges Mineralwasser | 1 Bio-Orangenscheibe
Außerdem: Eiswürfel | Shaker | Barlöffel | Longdrinkglas (20 cl) | 1 Trinkhalm

1 Das Ei trennen und das Eiweiß in den Shaker geben (Eigelb anderweitig verwenden). 6 Eiswürfel, den Gin, den Zitronensaft und den Zuckersirup dazugeben. Den Shaker fest verschließen und ca. 15 Sek. kräftig schütteln.

2 Die Mischung aus dem Shaker mit den Eiswürfeln in das Longdrinkglas geben und mit Mineralwasser auffüllen. Gut umrühren und die Orangenscheibe dazugeben. Mit dem Trinkhalm servieren.

ingwerscharfes Aroma

Gin-Ger Tom

4 cl Gin | 1 cl frisch gepresster Limettensaft | 2 Spritzer Zuckersirup | 2 cl Ingwersirup | 6 cl kohlensäurehaltiges Mineralwasser | 1 Bio-Limettenachtel | 3 Minzeblättchen
Außerdem: Eiswürfel | gestoßenes Eis | Shaker | Barsieb | Longdrinkglas (20 cl) | 1 Trinkhalm

1 Den Gin, Limettensaft, Zucker- und Ingwersirup mit 8 Eiswürfeln in den Shaker geben. Den Shaker fest verschließen und ca. 10 Sek. kräftig schütteln.

2 Das Longdrinkglas zu einem Drittel mit gestoßenem Eis füllen. Die Mischung aus dem Shaker durch das Barsieb dazugießen und mit Mineralwasser auffüllen.

3 Das Limettenachtel über dem Glas ausdrücken und als Dekoration hineingeben. Minzeblättchen waschen und auf den Drink geben. Mit dem Trinkhalm servieren.

American Beauty

2 cl Cognac | 2 cl roter Vermouth (z. B. Martini
rosso) | 2 cl frisch gepresster Orangensaft |
1 cl roter Portwein (Tawny) | 1 cl Zuckersirup |
0,5 cl Grenadinesirup
Außerdem: Eiswürfel | Shaker | Barsieb | Martini-
glas (15 cl)

1 Den Cognac, Vermouth, Orangensaft, Portwein,
Zucker- und Grenadinesirup mit 8 Eiswürfeln in den
Shaker geben. Den Shaker fest verschließen und
ca. 15 Sek. kräftig schütteln.

2 Die Mischung aus dem Shaker durch das
Barsieb in das möglichst vorgekühlte Martiniglas
gießen.

VARIANTE
Für mehr Aroma den Orangensaft durch Blutorangensaft ersetzen und einen Spritzer Angostura Bitters
dazugeben.

Cosmopolitan

1 Bio-Orange | 4 cl Zitronenwodka | 2 cl Orangen-
likör (z. B. Cointreau) | 1 cl frisch gepresster
Limettensaft | 4 cl Cranberrynektar
Außerdem: Eiswürfel | Shaker | Barsieb | Cocktail-
schale (20 cl)

1 Die Orange waschen und abtrocknen. 1 Stück
Schale ca. 4 cm lang und 2 cm breit ohne das
weiße Innere abschneiden.

2 Zitronenwodka, Orangenlikör, Limettensaft und
Cranberrynektar mit 8 Eiswürfeln in den Shaker
geben, fest verschließen und ca. 15 Sek. schütteln.
Durch das Barsieb in die Cocktailschale gießen.

3 Mit der Innenseite der Orangenschale den Glasrand einreiben. Die Schale in den Cocktail geben.

VARIANTE – RUDE COSMOPOLITAN
Mit Tequila anstelle von Zitronenwodka wird der Drink
zum Rude Cosmopolitan.

Klassiker | for Gentlemen only

Blood & Sand

2 cl Blended Scotch Whisky (z. B. Ballantines) |
2 cl Cherry Brandy | 2 cl roter Vermouth (z. B.
Martini rosso) | 2 cl frisch gepresster Orangensaft
Außerdem: Eiswürfel | Shaker | Barsieb | Martini-
glas (15 cl)

1 Den Whisky, Cherry Brandy, Vermouth und Orangensaft mit 8 Eiswürfeln in den Shaker geben. Den
Shaker fest verschließen und ca. 15 Sek. kräftig
schütteln.

2 Die Mischung aus dem Shaker durch das
Barsieb in das möglichst vorgekühlte Martiniglas
geben.

VARIANTEN
Ersetzen Sie den Scotch Whisky mal durch den süßeren
Bourbon Whiskey.

stark & erhebend

Aviation

1 Bio-Zitrone | 6 cl Gin | 2 cl Maraschinolikör |
2 cl frisch gepresster Zitronensaft
Außerdem: Eiswürfel | Shaker | Barsieb | Martini-
glas (15 cl)

1 Die Zitrone waschen und abtrocknen. 1 Stück
Schale ca. 4 cm lang und 2 cm breit ohne das
weiße Innere abschneiden.

2 Den Gin, Maraschinolikör und Zitronensaft mit
8 Eiswürfeln in den Shaker geben. Den Shaker fest
verschließen und ca. 15 Sek. kräftig schütteln.

3 Die Mischung aus dem Shaker durch das Barsieb in das möglichst vorgekühlte Martiniglas gießen. Den Glasrand mit der Zitronenschale einreiben
und die Schale als Dekoration in das Glas geben.

für Kenner und Geheimagenten | trocken

Dry Martini Cocktail

Genial einfach – der König der Cocktails! In den 30iger Jahren wurde das V-förmige Glas, in dem er serviert wird, entwickelt: ein Symbol von Luxus und Vergnügen.

6 cl Gin
1 cl weißer trockener Vermouth
(z. B. Noilly Prat)
1 große grüne Olive mit Stein
(in Salzlake eingelegt)
Außerdem
Eiswürfel | Rührglas
Barsieb | Barlöffel
Martiniglas (15 cl)
1 kleiner Holzspieß

1 6 Eiswürfel in das Rührglas geben. Den Gin und den Vermouth dazugießen und alles mit dem Barlöffel zügig und von oben nach unten verrühren.

2 Die Mischung aus dem Rührglas durch das Barsieb in das möglichst vorgekühlte Martiniglas gießen. Die Olive mit dem Holzspießchen aufpicken und in den Cocktail geben. Den Cocktail sofort servieren.

VARIANTE – ORIGINAL MARTINI COCKTAIL

1 Bio-Zitrone waschen und abtrocknen. 1 Stück Schale ca. 4 cm lang und 2 cm breit ohne das weiße Innere abschneiden. Den Gin mit 3 cl trockenem Vermouth (z. B. Martini Dry), 2 Spritzern Orange Bitters und 6 Eiswürfeln in das Rührglas geben und mit dem Barlöffel zügig durchrühren. Durch das Barsieb in das möglichst vorgekühlte Glas gießen und mit der Zitronenschale dekorieren.

BARKEEPER-TIPP

Wer möchte, kann die Vermouthmenge variieren. Liebhaber eines ganz trockenen Martinis geben nur einen Spritzer hinzu. Oder Sie parfümieren die Eiswürfel mit Vermouth. Dafür Vermouth und Eiswürfel in ein Rührglas geben, mit dem Barlöffel kurz und kräftig umrühren. Den Vermouth durch das Barsieb wieder abgießen. Die Eiswürfel in das Martiniglas geben, dann erst den Gin hinzufügen.

TAUSCHTIPPS

Für einen Vodkatini Wodka statt Gin nehmen. Wenn Sie die Olive durch 1 Perlzwiebel ersetzen, entsteht der Gibson. Ob Vodkatini oder Gibson – beide Varianten können Sie auch noch mit einem Lemon Twist zubereiten, also ein Stück Zitronenschale über dem Drink abspritzen (d. h. andrücken). Ein kleines Löffelchen Olivenlake zusätzlich zum Dry Martini Cocktail, macht daraus den Dirty Martini. Mit einem Spritzer Single Malt Whiskey heißt der Cocktail Smokey Martini.

Fruit Martinis

4–5 mittelgroße Erdbeeren | 5 cl Wodka |
2 Spritzer Zuckersirup
Außerdem: Eiswürfel | Holzstößel | Shaker |
Barsieb | Martiniglas (15 cl)

1 Die Erdbeeren waschen, trockentupfen und das
Grün entfernen. Eine kleine Erdbeere mit Grün für
die Dekoration beiseite legen. Die übrigen Beeren
halbieren und in den Shaker geben.

2 Den Wodka und den Zuckersirup dazugeben
und die Erdbeeren mit dem Holzstößel sanft zerdrücken. 6 Eiswürfel in den Shaker geben. Den
Shaker fest verschließen und ca. 15 Sek. kräftig
schütteln.

3 Die Mischung aus dem Shaker durch das Barsieb in das möglichst vorgekühlte Martiniglas
gießen. Die übrige Erdbeere einschneiden und
an den Glasrand stecken.

TIPP – SCHÖNE FRÜCHTCHEN

Für einen Fruit Martini können Sie nahezu alle Früchte
verwenden: Melone, Ananas, Cranberrys, Beerenfrüchte
oder auch Bananen. Hauptsache sie sind reif und saftig.
Den Zuckersirup vorsichtig zum Nachsüßen dosieren,
denn oft reicht die natürliche Süße der Früchte aus.

VARIANTEN

Fruit Martinis schmecken auch mit anderen Spirituosen
als Wodka. Wie wäre es zur Abwechslung mal mit Gin
oder Rum? Gin harmoniert prima mit Beerenfrüchten,
ein leichter Rum dagegen verträgt sich gut mit Melone
oder Guave.

BARKEEPER-TIPP

Wer den Cocktail klar und möglichst ohne Stückchen
haben möchte, siebt ihn zusätzlich noch durch ein
feinmaschiges Teesieb. Das heißt in der Barsprache
übrigens »double strain«.

fürs zweite Frühstück

Breakfast Martini

4 cl Gin | 1 TL Orangenmarmelade | 2 cl Orangen-
likör (z. B. Grand Marnier) | 2 cl frisch gepresster
Zitronensaft | 2 cl Zuckersirup
Außerdem: Eiswürfel | Shaker | Barsieb | Martini-
glas (15 cl)

1 Gin, Orangenmarmelade und Orangenlikör,
Zitronensaft, Zuckersirup und 5 Eiswürfel in den
Shaker geben. Den Shaker fest verschließen und
mindestens 20 Sek. kräftig schütteln, damit sich
die Marmelade gut verteilt.

2 Die Mischung aus dem Shaker durch das
Barsieb in das Martiniglas gießen.

TIPP – FRÜHSTÜCKCHEN
Very british kommt dieser Drink mit einem kleinen,
viereckigen Stück Toast als Dekoration daher. Genau
so lecker und frühstückstauglich ist aber auch eine
Variante mit Aprikosenmarmelade statt der Orangenmarmelade.

blumig | frühlingsleicht

Mayflower Martini

1 unbehandeltes Rosenblatt | 3 cl Gin (z. B. Gor-
don's) | 1 cl Apricot Brandy | 2 cl frisch gepresster
Apfelsaft (ersatzweise naturtrüber Apfelsaft) |
0,5 cl Holunderblütensirup | 1 cl frisch gepresster
Zitronensaft
Außerdem: Eiswürfel | Shaker | Barsieb | Martini-
glas (15 cl)

1 Das Rosenblatt waschen und trockentupfen. Gin,
Apricot Brandy, Apfelsaft, Holunderblütensirup und
Zitronensaft mit 6 Eiswürfeln in den Shaker geben,
fest verschließen und ca. 10 Sek. kräftig schütteln.

3 Die Mischung aus dem Shaker durch das Barsieb in das möglichst vorgekühlte Martiniglas gießen. Das Rosenblatt vorsichtig auf die Oberfläche
gleiten lassen.

TIPP – SCHÖN BLUMIG
Anstelle eines Rosenblattes können Sie auch mal eine
andere schöne essbare Blüte ins Glas geben, z. B. eine
Kapuzinerkresseblüte.

Kühl & fruchtig

Unser Geheimtipp für Sie: Watermelon Man ist zurzeit der Szene-cocktail schlechthin. Widerstand ist einfach zwecklos: Wer diesen Tropical einmal probiert hat, will nichts anderes mehr. Verständlich! Eiskalt schmeckt er verführerisch fruchtig, erfrischt und hebt sofort die Partystimmung.

Watermelon Man

1 Stück Wassermelone (ca. 40 g, geputzt und ohne Schale)
3 cl Wodka
2 cl roter oder rosafarbener Watermelon Liqueur
4 cl frisch gepresster Orangensaft
1 cl frisch gepresster Zitronensaft
1 cl Grenadinesirup
4 cl Bitter Lemon
1 Stück Wassermelone mit Schale
1 Cocktailkirsche
Außerdem
Eiswürfel | gestoßenes Eis
Holzstößel | Shaker
Barsieb | Teesieb
großes Cocktailglas (38 cl) | 2 Trinkhalme

1 Die Melone in den Shaker geben und mit dem Holzstößel leicht andrücken.

2 Den Wodka, Likör, Orangen- und Zitronensaft, Grenadine und 5 Eiswürfel dazugeben. Den Shaker fest verschließen und ca. 10 Sek. kräftig schütteln.

3 Die Mischung aus dem Shaker erst durch das Barsieb, dann durch das Teesieb auf gestoßenes Eis in das große Cocktailglas gießen.

4 Mit Bitter Lemon auffüllen, die Cocktailkirsche in das Glas geben. Das Melonenstück mit Schale leicht anschneiden und an den Glasrand stecken. Mit Trinkhalmen servieren.

sehr stark | minzefrisches Aroma

Mai Tai

Mai Tai bedeutet so viel wie »göttlich« und war der Ausspruch eines begeisterten Gastes nach dem ersten Schluck.

1 Stängel Minze | 1 Bio-Limettenspalte
6 cl dunkler, aromatischer Jamaikarum
(z. B. Appleton VX)
2 cl Dry Orange Likör
3 cl frisch gepresster Zitronensaft
1 cl Mandelsirup (Orgeat)
1 cl Limettensirup (z. B. Rose's Lime Juice)
1 Cocktailkirsche
Außerdem: Eiswürfel | gestoßenes Eis | Shaker | Barsieb | 1 großes Cocktailglas (38 cl) | Barlöffel | 2 Trinkhalme

1 Minze und Limettenspalte abbrausen, trockentupfen und beiseite legen. Rum, Likör, Zitronensaft, Mandel- und Limettensirup mit 6 Eiswürfeln in den Shaker geben. Den Shaker fest verschließen und ca. 10 Sek. kräftig schütteln.

2 Cocktailglas zu zwei Dritteln mit gestoßenem Eis füllen. Die Mischung aus dem Shaker durch das Barsieb dazugießen, mehrmals umrühren.

3 Die Minze in die Mitte des Glases geben. Limettenspalte und Cocktailkirsche dazulegen. Mit Trinkhalmen servieren.

VARIANTEN
Leichter wird das Ganze, wenn Sie zusätzlich 6 cl Ananassaft dazugießen. Statt Rum können Sie auch Gin oder Wodka nehmen, entsprechend heißt es dann Gin Tai oder Wodka Tai.

Klassiker | leicht säuerlich

Ernest Hemingway Special

Hemingway ließ sich diesen Klassiker immer auf seinen ausgedehnten Angeltouren auf Kuba servieren.

5 cl goldener Rum (z. B. Havana Club)
1 cl Maraschinolikör
2 cl frisch gepresster Limettensaft
2 cl Grapefruitsaft
1–2 cl Zuckersirup
1 Bio-Limettenspalte
1 Cocktailkirsche
Außerdem: gestoßenes Eis | Shaker | Barsieb | 1 großes Cocktailglas (38 cl) | 2 Trinkhalme

1 Das große Cocktailglas zu drei Vierteln mit gestoßenem Eis füllen. Das Eis mit dem goldenen Rum, Maraschinolikör, Limetten- und Grapefruitsaft und Zuckersirup in den Shaker geben.

2 Den Shaker fest verschließen und ca. 10 Sek. kräftig schütteln. Die Mischung aus dem Shaker direkt in das große Cocktailglas gießen.

3 Limettenspalte und Cocktailkirsche als Dekoration in das Glas geben. Mit Trinkhalmen servieren.

TIPP
Für alle, die keinen Eiscrusher im Schrank haben: Der Ernest Hemingway Special lässt sich auch ohne Eis mixen. Dafür die Zutaten einfach im Shaker zusammen mit 6 Eiswürfeln schütteln und die Mischung aus dem Shaker durch das Barsieb in eine Cocktailschale abgießen.

angenehm süß | verteufelt gut

Caribbean Punch

4 cl weißer Rum
1 cl Amaretto
1 cl klarer Kokoslikör (z. B. Malibu)
0,5 cl Galliano (italienischer Kräuterlikör)
0,5 cl Grenadinesirup
1 cl frisch gepresster Zitronensaft
6 cl Ananassaft
1 Bio-Limettenspalte

Außerdem

Eiswürfel | gestoßenes Eis
Shaker | Barsieb
Longdrinkglas (20 cl)
1 Trinkhalm

1 Rum, Amaretto, Kokoslikör, Galliano, Grenadine-sirup, Zitronen- und Ananassaft mit 6 Eiswürfeln in den Shaker geben. Den Shaker fest verschließen und ca. 12 Sek. kräftig schütteln.

2 Das Longdrinkglas zu einem Drittel mit gestoße-nem Eis füllen. Die Mischung aus dem Shaker durch das Barsieb in das Glas gießen. Die Limetten-spalte anschneiden und an den Glasrand stecken. Mit Trinkhalm servieren.

DEKOTIPP

Wenn Sie auf Ihrem Caribbean Punch mal eine kleine Dekoinsel schwimmen lassen möchten: 1 Bio-Orange waschen und abtrocknen. Aus der Mitte 1 schöne Scheibe abschneiden (den Rest anderweitig verwenden) und auf den Cocktail legen und darauf 1 TL Mandelstifte häufen.

kräuterwürzig

Roman Punch

3 cl D.O.M. Bénédictine Likör
(französischer Kräuterlikör)
1 cl frisch gepresster Zitronensaft
3 cl Cognac
0,5 cl Jamaikarum (50 % vol.)
6 cl kohlensäurehaltiges Mineralwasser
1 Cocktailkirsche

Außerdem

Eiswürfel | gestoßenes Eis
Shaker | Barsieb
Longdrinkglas (20 cl) | 1 Trinkhalm

1 Den Likör, Zitronensaft, Cognac und Rum mit 6 Eiswürfeln in den Shaker geben. Den Shaker fest verschließen und ca. 10 Sek. kräftig schütteln.

2 1 Hand voll gestoßenes Eis in das Longdrinkglas geben. Die Mischung aus dem Shaker durch das Barsieb dazugießen. Cocktailkirsche als Dekoration in das Glas geben. Mit Trinkhalm servieren.

BARKEEPER-TIPP

Cognac gibt es in unterschiedlichen Qualitätsstufen und Reifegraden. Zum Mixen verwenden wir in der Regel einen VS (very special) Cognac, der 2 Jahre reifen durfte oder VSOP (very special old pale) Cognac mit einer Reife-zeit von mindestens 3 Jahren. Der XO (extra old) – 6 Jahre gereifter Cognac – ist zum Mixen zu schade; wir empfeh-len ihn unseren Gästen für den puren Genuss.

GUT ZU WISSEN

D.O.M. Bénédictine ist ein Likör, der ursprünglich von den Benediktinermönchen als Medizin gegen Malaria entwickelt wurde. Er gibt Cocktails eine ganz besondere feinwürzige Kräuternote.

oben: Roman Punch | unten: Caribbean Punch

fruchtig | tropisch

Bossa Nova

4 cl goldener Rum | 1,5 cl Galliano (italienischer Kräuterlikör) | 1,5 cl Apricot Brandy | 8 cl klarer Apfelsaft | 2 cl frisch gepresster Zitronensaft | 0,5 cl Zuckersirup | 1 Apfelspalte | 1 Cocktailkirsche

Außerdem: Eiswürfel | gestoßenes Eis | Shaker | Barsieb | Longdrinkglas (20 cl) | 1 Trinkhalm

1 Den Rum, Galliano, Apricot Brandy, Apfel- und Zitronensaft, Zuckersirup und 6 Eiswürfel in den Shaker geben. Den Shaker fest verschließen und ca. 10 Sek. kräftig schütteln.

2 Das Longdrinkglas zu einem Drittel mit gestoßenem Eis füllen. Die Mischung aus dem Shaker durch das Barsieb dazugießen. Die Apfelspalte und Cocktailkirsche auf den Cocktail legen. Mit Trinkhalm servieren.

VARIANTEN
Statt Rum können Sie Brandy und anstelle von klarem Apfelsaft naturtrüben verwenden.

mit viel Rum | zum Abheben

Zombie

2 cl hochprozentiger brauner Rum (z.B. Captain Morgan 73 % vol.) | 2 cl brauner Rum (z.B. Myers's Rum 40 % vol.) | 2 cl weißer Rum | 2 cl Kirschlikör (oder Cherry Brandy) | 4 cl frisch gepresster Zitronensaft | 2 cl frisch gepresster Orangensaft | 2 Spritzer Grenadinesirup | 1 Cocktailkirsche

Außerdem: Eiswürfel | gestoßenes Eis | Shaker | Barsieb | großes Cocktailglas (38 cl) | 1 Trinkhalm

1 Alle Zutaten bis auf die Cocktailkirsche mit 5 Eiswürfeln in den Shaker geben. Den Shaker fest verschließen und ca. 15 Sek. schütteln.

2 Das große Cocktailglas zu etwa drei Vierteln mit gestoßenem Eis füllen. Die Mischung aus dem Shaker durch das Barsieb in das Glas gießen. Die Cocktailkirsche in das Glas geben. Mit Trinkhalm servieren.

TIPP
Der Zombie ist ziemlich stark. Also am besten nicht gleich zu Beginn einer Party servieren...

leichte Brise

Orchard Breeze

2 cl Wodka | 5 cl trüber Apfelsaft | 5 cl Weißwein
(z. B. Sauvignon Blanc) | 2 cl Holunderblütensirup |
1 cl frisch gepresster Limettensaft | 1 Apfelspalte |
Außerdem: Eiswürfel | Shaker | Barsieb | Long-
drinkglas (20 cl) | 1 Trinkhalm

1 Alle Zutaten bis auf die Apfelspalte mit 5 Eiswürfeln in den Shaker geben. Den Shaker fest verschließen und ca. 10 Sek. schütteln.

2 Das Longdrinkglas zu etwa drei Vierteln mit Eiswürfeln füllen. Die Mischung aus dem Shaker durch
das Barsieb in das Glas gießen. Die Apfelspalte auf
den Drink legen. Mit Trinkhalm servieren.

TIPP – EIN IDEALES PAAR
Apfel und Wodka sind ein klasse Paar, wie z. B. im
Tatanka: Wodka mit frisch gepresstem Apfelsaft und Eiswürfeln in ein Longdrinkglas geben. Wenn Sie den fein
parfümierten Büffelgraswodka (z. B. Grasovka) verwenden, heißt das Ganze Charlottka.

starker Sturm im Schnapsglas

Hurricane

4 cl brauner Rum (z. B. Myers's Rum 40 % vol.) |
2 cl weißer Rum | 2 cl frisch gepresster Orangen-
saft | 2 cl Ananassaft | 1 cl Maracujasirup |
2 cl Limettensirup (z. B. Rose's Lime Juice) |
1 Bio-Limettenspalte
Außerdem: Eiswürfel | gestoßenes Eis | Shaker |
Barsieb | großes Cocktailglas (38 cl) | 1 Trinkhalm

1 Alle Zutaten bis auf die Limettenspalte mit 5 Eiswürfeln in den Shaker geben, fest verschließen und
ca. 15 Sek. schütteln. Das große Cocktailglas zu
etwa drei Vierteln mit gestoßenem Eis füllen. Die
Mischung aus dem Shaker durch das Barsieb in das
Glas gießen. Die Limettenspalte darauf legen.

DEKOTIPP
Legen Sie die Hälfte einer ausgepressten Limette wie
ein Schälchen auf den Cocktail. Gießen Sie etwas hoch-
prozentigen Rum (z. B. Captain Morgan 73 % vol.) hinein
und dann: den Rum anzünden und Licht aus!

geheimnisvoll

Tennessee Rush

5 cl Bourbon Whiskey
2 cl Mandarinenlikör (ersatzweise Orangenlikör)
8 cl Cranberrynektar
2 cl frisch gepresster Limettensaft
1 cl Zuckersirup
1 Mandarine

Außerdem
Eiswürfel
Shaker | Barsieb
1 großes Cocktailglas (38 cl)
1 Trinkhalm

1 Alle Zutaten bis auf die Mandarine mit 5 Eiswürfeln in den Shaker geben. Den Shaker fest verschließen und ca. 15 Sek. kräftig schütteln.

2 Das große Cocktailglas zu etwa drei Vierteln mit Eiswürfeln füllen. Die Mischung aus dem Shaker durch das Barsieb in das Glas gießen.

3 Die Mandarine schälen, in Segmente teilen und 1–2 Segmente in das Glas geben (Rest anderweitig verwenden). Mit Trinkhalm servieren.

TIPP
Bourbon Whiskeys haben sehr unterschiedliche Geschmacksnoten. Wer seinen Tennessee Rush kräftiger möchte, greift am besten zu Jack Daniels. Für einen weicheren Geschmack gönnen Sie sich Jim Beam Black oder Maker's Mark.

zitronenfrisch

Lynchburg Lemonade

3 cl Bourbon Whiskey
2 cl Orangenlikör
2 cl frisch gepresster Zitronensaft
eiskalte Zitronenlimonade
1 Bio-Zitronenscheibe

Außerdem
Eiswürfel
Shaker | Barsieb
1 Longdrinkglas (20 cl)
1 Trinkhalm

1 Den Whiskey, Orangenlikör und Zitronensaft mit 6 Eiswürfeln in den Shaker geben. Den Shaker fest verschließen und ca. 15 Sek. kräftig schütteln.

2 Das Longdrinkglas zu drei Vierteln mit Eiswürfeln füllen. Die Mischung aus dem Shaker durch das Barsieb in das Glas gießen.

3 Mit Zitronenlimonade bis knapp unter den Rand auffüllen. Die Zitronenscheibe bis zur Mitte einschneiden und an den Glasrand stecken. Mit Trinkhalm servieren.

VARIANTE – RASPBERRY LYNCHBURG
Den Whiskey, 2 cl Himbeerlikör, den frisch gepressten Limettensaft und 0,5 cl Zuckersirup im Shaker 15 Sek. schütteln. Die Mischung aus dem Shaker durch das Barsieb in das mit Eis gefüllte Glas gießen. Das Glas mit klarer Zitronenlimonade auffüllen und 3 Himbeeren als Dekoration in das Glas geben.

oben: Tennessee Rush | unten: Lynchburg Lemonade

Sea Breeze

Breezes sind ganz einfache Drinks und vor allem fix gemixt. Sie schmecken, einmal probiert, nach viel mehr.

4 cl Wodka | 6 cl Cranberrynektar | 2 cl frisch gepresster Grapefruitsaft | 1 Bio-Limettenspalte
Außerdem: Eiswürfel | Longdrinkglas (20 cl) | Barlöffel | 1 Trinkhalm

1   Das Longdrinkglas mit Eiswürfeln füllen. Wodka, Cranberrynektar und Grapefruitsaft darüber gießen und mit dem Barlöffel verrühren.

2   Den Saft der Limettenspalte über dem Drink ausdrücken und als Dekoration auf den Drink legen. Mit Trinkhalm servieren.

VARIANTE – BAY BREEZE

Für eine Bay Breeze nehmen Sie anstelle von Grapefruitsaft einfach 2 cl Ananassaft. Für die Dekoration 1 frische Scheibe Ananas etwas einschneiden und an den Glasrand stecken.

VARIANTE – CORSICAN BREEZE

Das Longdrinkglas mit Eiswürfeln füllen. Wodka und 4 cl frisch gepressten Orangensaft dazugießen und mit Bitter Lemon bis knapp unter den Glasrand aufgießen. Mit dem Barlöffel verrühren. 1 Bio-Zitronenscheibe bis zur Mitte einschneiden und an den Glasrand stecken. Mit Trinkhalm servieren.

DEKOTIPPS

Breezes kommen prima ohne Dekorationen aus. Wenn Sie dennoch dekorieren möchten, orientieren Sie sich immer an der Hauptzutat im Drink und wählen Sie dann eine Fruchtdeko, die sich farblich abhebt.

BARKEEPER-TIPP

Breezes sind Longdrinkcocktails mit wenigen Zutaten und einem hohen Saftanteil. Experimentieren Sie mit verschiedenen Fruchtsäften und kreieren Sie Ihren ganz persönlichen Breeze.

Long Island Iced Tea

2 cl Wodka | 2 cl weißer Rum | 2 cl Gin | 2 cl weißer Tequila | 2 cl Orangenlikör | 1 cl frisch gepresster Zitronensaft | 1 Spritzer Zuckersirup | Cola
Außerdem: Eiswürfel | großes Cocktailglas (38 cl) | Barlöffel | 1 Trinkhalm

1 Das große Cocktailglas mit Eiswürfeln füllen. Alle Zutaten außer dem Cola dazugießen und mit dem Barlöffel verrühren.

2 Mit Cola bis knapp unter den Glasrand aufgießen und mit Trinkhalm servieren.

VARIANTEN
Wenn Sie den Long Island Iced Tea etwas weniger alkoholisch haben möchten, halbieren Sie die Menge der Spirituosen, der Säfte und des Zuckersirups und füllen alles mit mehr Cola auf. Für einen Long Beach Tea einfach den Orangenlikör weglassen und anstelle von Cola alles mit Cranberrynektar aufgießen und 1 Limettenspalte in das Glas geben.

Tequila Sunrise

5 cl brauner Tequila | 10 cl frisch gepresster Orangensaft | 1 cl Grenadinesirup | 1 Bio-Orangenscheibe | 1 Cocktailkirsche
Außerdem: Eiswürfel | Longdrinkglas (20 cl) | Barlöffel | 1 Trinkhalm

1 Das Longdrinkglas mit Eiswürfeln füllen. Tequila und Orangensaft dazugießen und mit dem Barlöffel verrühren.

2 Den Grenadinesirup zügig dazugießen und warten, bis er sich am Boden des Glases abgesetzt hat. Den Grenadinesirup mit dem Barlöffel vorsichtig, ganz leicht aufrühren, so dass er als rote Wolke in den Drink schwebt.

3 Die Orangenscheibe bis zur Mitte einschneiden und an den Glasrand stecken. Die Cocktailkirsche in das Glas geben. Mit Trinkhalm servieren.

minziger Sommerdrink | Klassiker

Mojito

Auch dieser minzefrische Klassiker mit Rum gehörte zu den Lieblingsdrinks von Ernest Hemingway, der ein wahrer Genießer unter den Cocktailfans war.

3–4 Stängel Minze
2 cl frisch gepresster Limettensaft
1 cl Zuckersirup
1 TL brauner Zucker
6 cl goldener Rum
3 cl kohlensäurehaltiges Mineralwasser
Außerdem
gestoßenes Eis
Holzstößel
Barlöffel
Longdrinkglas (20 cl)
1 Trinkhalm

1 Die Minze waschen und trockentupfen. 1 Stängel Minze für die Dekoration beiseite legen, von dem Rest die Blätter (etwa 1 Hand voll) abzupfen.

2 Die Minzeblätter zusammen mit dem Limettensaft, dem Zuckersirup und dem braunen Zucker in das Longdrinkglas geben.

3 Die Minze mit dem Holzstößel im Glas leicht andrücken. Dabei darauf achten, dass die Minze nicht zu stark zerdrückt wird, da sie sonst Bitterstoffe freigibt.

4 Den Rum dazugießen und mit dem Barlöffel verrühren. Nach und nach gestoßenes Eis dazugeben und weiterrühren.

5 Das Glas mit dem Mineralwasser auffüllen und mit dem übrigen Minzestängel garnieren.

VARIANTE – SAGE MOJITO
Für den Sage Mojito die Hälfte der Minze durch frischen Salbei ersetzen.

VARIANTE – RASPBERRY MOJITO
Beim Raspberry Mojito ersetzen Sie den goldenen Rum durch Himbeerrum. Als Dekoration legen Sie zusätzlich zum Minzestängel noch 3 Himbeeren auf den Cocktail.

TAUSCHTIPP
Sie können beim Mojito auch andere Spirituosen anstelle des Rums einsetzen: z. B. eignet sich amerikanischer Bourbon Whiskey (z. B. Jim Beam) sehr gut. Für einen Pastis Mojito nehmen Sie Pastis (z. B. Ricard), ein französischer Anislikör, und lassen dann den Zuckersirup weg.

TIPP – MINZEAROMA
Typisch für den Mojito ist der minzige Geschmack. Achten Sie deshalb beim Einkaufen auf die Qualität der Minze. Es gibt verschiedene Minzesorten mit unterschiedlich starkem Aroma. Duftet die Minze sehr stark, ist sie voller ätherischer Öle und damit die allerbeste Wahl für diesen Drink.

brasilianischer Sommerdrink

Caipirinha

Der weltweit beliebteste tropische Cocktail! Weil er ursprünglich bei der brasilianischen Landbevölkerung gut ankam, wurde er schlicht »Caipirinha/Landmann« getauft.

1 Bio-Limette | 3 TL brauner Rohrzucker |
5 cl Cachaça
Außerdem: gestoßenes Eis | Holzstößel |
Barlöffel | Tumbler (20 cl) | 2 Trinkhalme

1 Die Limette waschen und abtrocknen. Mit einem Messer die beiden Enden abschneiden und die Limette achteln.

2 Die Limettenachtel mit dem Rohrzucker in den Tumbler geben und mit dem Holzstößel sorgfältig zerdrücken.

3 Das Glas bis zur Hälfte mit gestoßenem Eis füllen und den Cachaça dazugießen. Mit dem Barlöffel ca. 10 Sek. verrühren.

4 Das Glas bis zum Rand mit gestoßenem Eis auffüllen und mit Trinkhalmen servieren.

VARIANTE – CRANOVSKA
Für eine Cranovska den Cachaça durch Johannisbeerwodka (z. B. Absolut Kurant) ersetzen und zusätzlich noch 4 cl Cranberrynektar dazugeben.

VARIANTE – LOW RIDER
Die Limettenachtel mit dem Rohrzucker wie oben beschrieben im Tumbler zerdrücken. Gestoßenes Eis, 5 cl Scotch Whisky (z. B. Ballantines), 1 cl Weichsel- oder Kirschsirup und 2 cl schwarzen Johannisbeernektar dazugeben und mit dem Barlöffel verrühren. Mit 2 Trinkhalmen servieren.

VARIANTE – BOMBAY CRUSHED
5 Kumquats waschen, längs durchschneiden. Mit Rohrzucker im Tumbler zerdrücken. Gestoßenes Eis, 5 cl Gin (z. B. Bombay Sapphire), 2 cl Limettensirup und 1 cl Maracujasaft dazugeben und mit dem Barlöffel verrühren. Mit 2 Trinkhalmen servieren.

sommerliche Zitrusfrische

Total Recall

2 cl Southern Comfort (Whiskeylikör) |
2 cl brauner Tequila | 2 cl goldener Rum |
5 cl Cranberrynektar | 5 cl frisch gepresster
Orangensaft | 2 cl frisch gepresster Limettensaft |
1 Bio-Limettenspalte
Außerdem: Eiswürfel | Shaker | Barsieb | großes
Cocktailglas (38 cl) | 1 Trinkhalm

1 Alle Zutaten bis auf die Limettenspalte mit 5 Eiswürfeln in den Shaker geben. Den Shaker fest verschließen und ca. 10 Sek. kräftig schütteln.

2 Das große Cocktailglas etwa zu drei Vierteln mit
Eiswürfeln füllen. Die Mischung aus dem Shaker
durch das Barsieb in das Glas gießen. Die Limettenspalte als Dekoration in das Glas geben und den
Drink mit Trinkhalm servieren.

TIPP
Noch besser schmeckt der Drink mit frisch gepresstem
Blutorangensaft.

fruchtiger Südseetraum

Tropical Wine Cooler

2 cl Amaretto | 2 cl Cherry Brandy | 3 cl klarer
Apfelsaft | 3 cl Mangonektar | 3 cl Maracuja-
nektar | 3 cl Weißwein (z. B. Riesling) | Zitronen-
limonade | 1 Bio-Zitronenscheibe
Außerdem: Eiswürfel | Shaker | Barsieb | großes
Cocktailglas (38 cl) | 1 Trinkhalm

1 Alle Zutaten bis auf die Zitronenlimonade und
Zitronenscheibe mit 5 Eiswürfeln in den Shaker geben. Den Shaker fest verschließen und ca. 10 Sek.
kräftig schütteln.

2 Das große Cocktailglas etwa bis zur Hälfte mit
Eiswürfeln füllen. Die Mischung aus dem Shaker
durch das Barsieb in das Glas gießen. Das Glas mit
der Zitronenlimonade bis knapp unter den Rand
auffüllen, mit dem Barlöffel umrühren. Die Zitronenscheibe bis zur Mitte einschneiden und an den
Glasrand stecken. Mit Trinkhalm servieren.

The Juxtaposition

2 TL flüssiger Honig | 5 cl Wodka | 5 cl Ananas-
saft | 1 cl Cranberrynektar | 2 cl frisch gepresster
Limettensaft | 3 Spritzer Angostura Bitters |
2 frische Ananasstücke
Außerdem: Eiswürfel | Shaker | Barsieb | Bar-
löffel | Longdrinkglas (20 cl) | 1 Trinkhalm

1 Honig und Wodka in den Shaker geben und mit
dem Barlöffel verrühren, bis sich der Honig aufgelöst hat.

2 Ananassaft, Cranberrynektar, Limettensaft und
Angostura Bitters mit 5 Eiswürfeln in den Shaker
geben. Den Shaker fest verschließen und ca.
15 Sek. kräftig schütteln.

3 Das Longdrinkglas mit Eiswürfeln füllen und die
Mischung durch das Barsieb dazugießen.

4 Ananasstücke einschneiden und nebeneinander
an den Glasrand stecken. Mit Trinkhalm servieren.

Fish House Punch

2 cl Brandy | 2 cl Pfirsichlikör | 2 cl weißer Rum |
2 cl kalter Schwarztee | 3 cl frisch gepresster
Zitronensaft | 1 cl Zuckersirup | kohlensäure-
haltiges Mineralwasser | 1 Bio-Zitronenscheibe
Außerdem: Eiswürfel | Shaker | Barsieb | Bar-
löffel | Longdrinkglas (20 cl) | 1 Trinkhalm

1 Alle Zutaten außer dem Mineralwasser und der
Zitronenscheibe mit 5 Eiswürfeln in den Shaker geben. Den Shaker fest verschließen und ca. 10 Sek.
kräftig schütteln.

2 Das Longdrinkglas etwa bis zur Hälfte mit Eiswürfeln füllen. Die Mischung aus dem Shaker durch
das Barsieb dazugießen. Das Glas mit Zitronenlimonade bis knapp unter den Rand auffüllen und
mit dem Barlöffel umrühren.

3 Zitronenscheibe bis zur Mitte einschneiden und
an den Glasrand stecken. Mit Trinkhalm servieren.

ganz harmlos | herrlich erfrischend

Moscow Lassi

1 reife Mango | 1 Stück Salaturke (ca. 3 cm) |
3 cl Wodka | 5 cl klarer Apfelsaft | 3 TL Joghurt
Außerdem: Eiswürfel | Shaker | Barsieb | Holz-
stößel | Longdrinkglas (20 cl) | 1 Trinkhalm

1 Mango schälen, die Hälfte des Fruchtfleischs
vom Stein schneiden und pürieren (2 cl; den Rest
anderweitig verwenden). Von der Gurke eine ca.
1 cm breite Scheibe abschneiden, bis zur Mitte einschneiden und beiseite legen. Die übrige Gurke
klein schneiden, in den unteren Teil des Shakers
geben und mit dem Holzstößel zerdrücken.

2 Mangopüree, Wodka, Apfelsaft und Joghurt mit
6 Eiswürfeln dazugeben. Den Shaker fest verschließen und ca. 15 Sek. kräftig schütteln.

3 Das Longdrinkglas mit Eiswürfeln füllen. Drink
durch das Barsieb dazugießen. Die Gurkenscheibe
an den Glasrand stecken. Mit Trinkhalm servieren.

süßsäuerlich | ganz schön stürmisch

Sandstorm

3 cl Gin | 2 cl Orangenlikör (z. B. Grand Marnier) |
3 cl Grapefruitsaft | 3 cl Ananassaft | 0,5 cl frisch
gepresster Limettensaft | 1 Spritzer Zuckersirup |
1 Spritzer Limettensirup (z. B. Rose's Lime Juice)|
1 cl Vanillesirup | 1 rosa Bio-Grapefruitspalte
Außerdem: Eiswürfel | Shaker | Barsieb | Long-
drinkglas (20 cl) | 1 Trinkhalm

1 Alle Zutaten bis auf die Grapefruitspalte mit
5 Eiswürfeln in den Shaker geben. Den Shaker
fest verschließen und ca. 10 Sek. schütteln.

2 Das Longdrinkglas zu etwa drei Vierteln mit
Eiswürfeln füllen. Die Mischung aus dem Shaker
durch das Barsieb in das Glas gießen.

3 Die Grapefruitspalte auf den Drink legen. Mit
Trinkhalm servieren.

Sanft & cremig

Begeistert hat uns der Scorpino, weil er eine so leichte und herrlich erfrischende Kreation ist. Wir genießen ihn manchmal als Digestif oder anstelle eines sahnigen Desserts. Und für alle Julia Robert-Fans – er ist ihr absoluter Lieblingsdrink.

Scorpino

4 cl Wodka
4 cl Sahne
2 cl Orangenlikör (z. B. Cointreau)
1 großer EL Zitroneneis
1 Bio-Zitronenspalte
Außerdem
Mixer
Tumbler (20 cl)
2 Trinkhalme

1 Den Wodka, die Sahne, den Orangenlikör und das Zitroneneis in den Mixer geben und alles ca. 10 Sek. durchmixen.

2 Die Mischung aus dem Mixer in einen möglichst vorgekühlten Tumbler füllen. Die Zitronenspalte auf den Drink legen. Mit Trinkhalmen servieren.

VARIANTEN
Ersetzen Sie die Sahne durch Buttermilch. Anstelle von Zitroneneis mixen Sie nach Belieben Orangen- oder Himbeereis mit.

TIPP – ZUM LÖFFELN GUT
Eis oder Sorbet passt super zu Sekt oder Prosecco. Daher ist die Mischung ideal als leichtes Dessert oder Aperitif: 1 EL Zitronen- oder Erdbeersorbet in ein Glas Prosecco geben – fertig. Das Ganze mit einem Teelöffel zum genüsslichen Löffeln servieren.

White Russian

Haben Sie den Film »The Big Lebowski« gesehen? Dann kennen Sie diesen Drink. Wenn Sie ihn selber mixen wollen, tun Sie es – mit nur drei Zutaten kein Problem.

4 cl Wodka) | 2 cl Sahne | 2 cl Kahlúa (Kaffeelikör)
Außerdem: Eiswürfel | Shaker | Barsieb |
Tumbler (20 cl)

1   Wodka, Sahne und Kahlúa mit 5 Eiswürfeln in den Shaker geben. Den Shaker fest verschließen und ca. 15 Sek. kräftig schütteln.

2   Den Tumbler zu etwa drei Vierteln mit Eiswürfeln füllen. Die Mischung aus dem Shaker durch das Barsieb dazugießen.

VARIANTE – BIG LEBOWSKI'S
Ersetzen Sie die Sahne einfach durch die gleiche Menge Milch.

VARIANTE – WHITE SATIN
Für diesen Drink 3 cl Galliano, 3 cl Kahlúa (Kaffeelikör), 2 cl Milch und 1 cl Sahne mit 6 Eiswürfeln im Shaker ca. 15 Sek. kräftig schütteln. Die Mischung durch ein Barsieb in ein möglichst vorgekühltes Martiniglas (15 cl) gießen.

VARIANTE – LONELY BULL
Dafür 3 cl brauner Tequila, 3 cl Kahlúa (Kaffeelikör), 4 cl Sahne und 4 cl Milch mit 6 Eiswürfeln in den Shaker geben und ca. 15 Sek. kräftig schütteln. Den Tumbler zu etwa drei Vierteln mit Eiswürfeln füllen und die Mischung aus dem Shaker durch das Barsieb dazugießen.

TIPP – FÜRS AUGE
Kahlúa (Kaffeelikör) und Wodka mit den Eiswürfeln im Tumbler verrühren. Die Sahne halbsteif schlagen und vorsichtig über den Rücken eines Barlöffels auf die Oberfläche des Drinks laufen lassen, so dass sich zwei Schichten bilden.

Cocobanana

1 Banane | 2 cl Amaretto | 2 cl goldener Rum |
4 cl Ananassaft | 3 cl Coconut Cream (z. B. Coco
Tara) | 2 EL Vanilleeis
Außerdem: gestoßenes Eis | Mixer | großes Cock-
tailglas (38 cl) | 2 Trinkhalme

1   Die Banane schälen, eine ca. 1 cm dicke Scheibe
abschneiden und zum Dekorieren beiseite legen.
Die übrige Banane mit Amaretto, Rum, Ananassaft,
Coconut Cream und Vanilleeis in den Mixer geben.
Ein großes Cocktailglas zur Hälfte mit gestoßenem
Eis füllen. Das Eis in den Mixer geben und alles
ca. 10 Sek. durchmixen.

2   Die Mischung aus dem Mixer in ein möglichst
vorgekühltes großes Cocktailglas gießen. Die Bana-
nenscheibe bis zur Mitte einschneiden und an den
Glasrand stecken. Mit Trinkhalmen servieren.

Mocha Martini

2 cl Bourbon Whiskey | 4 cl kalter Espresso |
2 cl Crème de Cacao (braun) | 2 cl Sahne |
Kakaopulver
Außerdem: Eiswürfel | Shaker | Barsieb |
Martiniglas (15 cl) | Barlöffel

1   Den Whiskey zusammen mit dem kalten Es-
presso, Crème de Cacao und 6 Eiswürfeln in den
Shaker geben. Den Shaker fest verschließen und
ca. 15 Sek. kräftig schütteln – so wird sie leicht
cremig. Die Mischung aus dem Shaker durch das
Barsieb in ein vorgekühltes Martiniglas gießen.

2   Den Shaker auswaschen. Die Sahne dazugeben.
Den Shaker fest verschließen und 10 Sek. kräftig
schütteln. Die Sahne vorsichtig über den Rücken
des Barlöffels auf die Oberfläche des Cocktails laufen lassen, so dass sich zwei Schichten bilden.

3   Kakaopulver über die Mitte des Cocktails
streuen und servieren.

besonders originell

Key Lime Pie

Kuchen im Glas. Ein echter Hingucker und schmeckt großartig als Dessert.

1 Salzcräcker
8 cl Sahne | 3 cl klarer Kokoslikör (z. B. Malibu)
1,5 cl Orangenlikör (z. B. Cointreau)
1,5 cl frisch gepresster Limettensaft
1 cl Vanillelikör (z. B. Licor 43)
Außerdem
Eiswürfel | Shaker | Barsieb | Cocktailschale
(15 cl) | Barlöffel | 2 kleine Teller

1 Cräcker zerbröseln und auf einem Teller beiseite stellen. Ca. 5 cl Sahne in den Shaker gießen, Shaker fest verschließen und ca. 10 Sek. kräftig schütteln. Sahne auf den zweiten Teller gießen. Den Rand der Cocktailschale in der Sahne drehen, so dass ein ca. 1 cm breiter Sahnestreifen am Rand entsteht.

2 Den sahnigen Glasrand in den Cräckerkrümeln drehen, so dass möglichst viele Krümel am Sahnerand haften bleiben. Das Glas beiseite stellen.

3 Kokos- und Orangenlikör, Limettensaft und 6 Eiswürfel in den Shaker geben. Shaker fest verschließen und ca. 10 Sek. schütteln. Die Mischung durch das Barsieb in die Cocktailschale gießen.

4 Den Shaker auswaschen. Übrige Sahne und Vanillelikör dazugeben und ohne Eis ca. 10 Sek. kräftig schütteln, bis die Mischung schön schaumig ist.

5 Die Mischung durch das Barsieb vorsichtig über den Rücken des Barlöffels auf die Oberfläche des Cocktails laufen lassen, so dass sich zwei Schichten bilden.

Pralinen zum Trinken

Chocolate Puff

Das Besondere daran: Er wird gleich mit der Orangenschale geschüttelt.

1 Bio-Orange
2 cl goldener Rum
2 cl Crème de Cacao (braun)
6 TL Joghurt
1 Schokoladenkeks
Außerdem
Eiswürfel
Shaker | Barsieb
Tumbler (20 cl)

1 Die Orange waschen, abtrocknen und zwei ca. 4 cm lange und ca. 2 cm breite Stücke Orangenschale ohne das weiße Innere abschneiden.

2 Orangenschalen, Rum, Crème de Cacao und Joghurt mit 5 Eiswürfeln in den Shaker geben. Den Shaker fest verschließen und ca. 15 Sek. kräftig schütteln.

3 Den Tumbler zu etwa drei Vierteln mit Eiswürfeln füllen. Die Mischung aus dem Shaker durch das Barsieb dazugießen. Den Schokoladenkeks zerkrümeln und den Drink damit bestreuen.

VARIANTE

Wenn Sie keinen Shaker haben, geben Sie etwas zerstoßenes Eis in den Mixer. Anstelle der Orangenschale 1 cl frisch gepressten Orangensaft mit den übrigen Zutaten dazugeben und alles kurz aufmixen. Mit Keksbröseln und 2 Trinkhalmen servieren.

cooler Eiscreme-Cocktail

Black Irish

Den Mix aus Wodka, Baileys und Kahlúa kennen Insider auch als »Mudslide« – die perfekte Harmonie zwischen Alkohol, Sahnigkeit und Kaffeegeschmack.

3 cl Wodka
3 cl Baileys (Sahnelikör)
3 cl Kahlúa (Kaffeelikör)
2 EL Vanilleeis
Außerdem
gestoßenes Eis
Mixer
großes Cocktailglas (38 cl)
2 Trinkhalme

1 Das große Cocktailglas zur Hälfte mit gestoßenem Eis füllen. Das Eis mit Wodka, Baileys und Kaffeelikör in den Mixer geben und ca. 10 Sek. durchmixen.

2 Die Mischung aus dem Mixer in ein möglichst vorgekühltes, großes Cocktailglas gießen und mit Trinkhalmen servieren.

VARIANTE – DEATH BY CHOCOLATE

Den Wodka mit 4 cl Baileys (Sahnelikör), 2 cl brauner Crème de Cacao und 2 EL Schokoladeneis im Mixer durchmixen und in ein großes Cocktailglas gießen.

VARIANTE – BRAZILIAN MONK

3 cl Haselnusslikör (z. B. Frangelico) mit dem Kaffeelikör (z. B. Kahlúa) und 3 cl braunem Crème de Cacao mit dem Vanilleis im Mixer ca. 10 Sek. durchmixen und in ein großes Cocktailglas gießen.

mild und ganz schön wild

Wild Honey

Obwohl dieser Drink der Legende nach erstmals von einem schottischen Helden auf der Flucht getrunken wurde – er ist alles andere als zum Davonlaufen.

4 cl Scotch Whisky
2 cl Vanillewodka
3 cl Drambuie (Honiglikör)
2 cl Galliano (ital. Kräuterlikör)
2 cl Sahne
2 cl Milch
Außerdem
Eiswürfel
Shaker | Barsieb
Cocktailschale (20 cl)

1 Whisky, Vanillewodka, Drambuie, Vanillelikör, Sahne und Milch mit 5 Eiswürfeln in den Shaker geben. Den Shaker fest verschließen und ca. 15 Sek. kräftig schütteln.

2 Die Mischung aus dem Shaker durch das Barsieb in die Cocktailschale gießen und servieren.

VARIANTE – HOT WILD HONEY

Whisky, Vanillewodka, Drambuie und Galliano in einen Topf geben und unter Rühren erhitzen, aber nicht kochen lassen. 4 cl Sahne halbsteif schlagen. Die Alkoholmischung in ein Teeglas gießen. Die Sahne vorsichtig über den Rücken eines Barlöffels auf die Oberfläche gleiten lassen. Mit einem Teelöffel zum Löffeln servieren.

oben: Wild Honey | unten: Black Irish

sahniger Klassiker aus der Karibik

Piña Colada

Ganz stilvoll: Der tropische Klassiker wurde früher im Hilton von Puerto Rico in einer ausgehöhlten frischen Ananas serviert.

1 Ananas
5 cl weißer Rum
3 cl Coconut Cream
(z. B. Coco Tara, ersatzweise Kokossirup)
8 cl Ananassaft
Außerdem
gestoßenes Eis
Mixer
großes Cocktailglas (38 cl)
2 Trinkhalme

1   Die Ananas halbieren und aus der Mitte eine ca. 1 cm breite Scheibe abschneiden. Die Ananasscheibe mit Schale vierteln, vom Strunk befreien und beiseite legen.

2   Ein großes Cocktailglas zur Hälfte mit gestoßenem Eis füllen. Das Eis in den Mixer geben. Den weißen Rum, Coconut Cream und Ananassaft dazugeben und ca. 10 Sek. durchmixen.

3   Die Mischung aus dem Mixer in das möglichst vorgekühlte, große Cocktailglas gießen. Die Ananasviertel leicht anschneiden und an den Glasrand stecken. Mit Trinkhalmen servieren.

VARIANTE – EVERY DAY COLADA

Den weißen Rum, 2 cl Kokossirup, 2 cl Sahne und den Ananassaft mit gestoßenem Eis im Mixer durchmixen. In ein großes Cocktailglas gießen. Zwei Ananasviertel an den Glasrand stecken. Mit Trinkhalmen servieren.

VARIANTE – HONEY COLADA

Den weißen Rum und 3 cl flüssigen Honig in ein großes Cocktailglas geben und verrühren, bis sich der Honig ganz aufgelöst hat. Mit 2 cl Kokossirup, 2 cl Sahne, dem Ananassaft und gestoßenem Eis im Mixer durchmixen. In ein großes Cocktailglas gießen. Ein Ananasviertel an den Glasrand stecken. Mit Trinkhalmen servieren.

VARIANTE – ITALIAN COLADA

Dafür 3 cl weißer Rum, 2 cl Amaretto, 2 cl Kokossirup, 2 cl Sahne und den Ananassaft mit gestoßenem Eis im Mixer durchmixen. In ein großes Cocktailglas gießen. Ein Ananasviertel an den Glasrand stecken. Mit Trinkhalmen servieren.

BARKEEPER-TIPP

Für noch mehr Frische können Sie gleich 3–4 Stücke frische Ananas mitmixen. Übrige Ananas anderweitig verwenden. Viel fruchtiger schmeckt das Ganze, wenn Sie anstelle von Ananassaft jeweils 4 cl Ananas- und Orangensaft in den Mixer geben.

GUT ZU WISSEN

Coconut Cream wird aus dem Fruchtfleisch reifer Kokosnüsse und viel Zucker hergestellt. Den dicken, fast zähflüssigen Sirup gibt es in Dosen im Getränkeregal gut sortierter Supermärkte zu kaufen. Nach dem Öffnen am besten im Kühlschrank nicht zu lange aufbewahren.

Fruit & Nuts

Ein extravaganter Cocktail mit exquisiten Zutaten und einem perfekten Mischungs-verhältnis. Etwas für den verwöhnten Gaumen.

1 Butterkeks | 3 cl Johannisbeerwodka | 2 cl Haselnusslikör (z. B. Frangelico) | 2 cl Crème de Cacao (weiß) | 2 cl Himbeerlikör | 2 cl Baileys (Sahnelikör) | 2 cl Sahne | 1 cl Milch
Außerdem: Eiswürfel | Shaker | Barsieb | Cocktail-schale (20 cl)

1   Den Keks in kleine Stücke zerbröseln.

2   Johannisbeerwodka, Haselnusslikör, Crème de Cacao, Himbeerlikör, Baileys, Sahne und Milch mit 5 Eiswürfeln in den Shaker geben. Den Shaker fest verschließen und ca. 15 Sek. kräftig schütteln.

3   Die Mischung aus dem Shaker durch das Bar-sieb in eine möglichst vorgekühlte Cocktailschale gießen. Mit den Keksstückchen bestreuen.

SERVIER-TIPP

Cocktails wie der Fruit & Nuts eignen sich auch gut zum Servieren in kleinen Shotgläsern (Stamper). Die Menge reicht für ca. 3 Shotgläser.

BARKEEPER-TIPP

Gönnen Sie sich für diesen Cocktail einen feinfruchtigen Himbeerlikör. Wie wär's mit Royal Chambord? Dieser französische Likör aus Himbeeren und Brombeeren, abgerundet mit Akazienhonig ist eine perfekte Mixzutat. Und in der dekorativen kugelrunden Flasche ist er ein echter Blickfang in Ihrer Bar.

VARIANTE – WODKA MIT AROMEN

Es gibt mittlerweile diverse aromatisierte Wodkas. Variieren Sie Ihren Fruit & Nuts einmal und mixen Sie den Drink nach Lust und Laune mit Himbeer-, Cran-berry- oder Erdbeerwodka.

Klassiker | muskatwürzig

Brandy Alexander

5 cl Brandy | 3 cl Crème de Cacao (braun) |
2 cl Sahne | 1 Muskatnuss
Außerdem: Eiswürfel | Shaker | Barsieb |
Cocktailschale (20 cl) | Muskatnussreibe

1   Brandy, Crème de Cacao und Sahne mit 5 Eiswürfeln in Shaker geben. Den Shaker fest verschließen und ca. 15 Sek. kräftig schütteln. Die Mischung
aus dem Shaker durch das Barsieb in eine möglichst vorgekühlte Cocktailschale gießen.

2   Eine Muskatnussreibe über das Glas halten und
eine feine Muskatschicht auf die Oberfläche des
Cocktails reiben.

VARIANTE

Würziger ist der Brandy Alexander als Gin Alexander. Dafür anstelle von Brandy 5 cl Gin (am besten mit 38–40 %
vol.) nehmen.

verführerisch | sahnefein

Saintly Bell

2 cl Himbeerlikör | 2 cl Baileys (Sahnelikör) |
2 cl Crème de Cacao (braun) | 2 cl Sahne |
2 cl Milch | 1 Himbeere
Außerdem: Eiswürfel | Shaker | Barsieb |
Martiniglas (15 cl)

Himbeerlikör, Baileys, Crème de Cacao, Sahne und
Milch mit 5 Eiswürfeln in den Shaker geben. Den
Shaker fest verschließen und ca. 15 Sek. kräftig
schütteln. Die Mischung aus dem Shaker durch das
Barsieb in ein möglichst vorgekühltes Martiniglas
gießen. Die Himbeere auf den Drink legen.

TAUSCHTIPP

Wer es cremig und etwas leichter mag, tauscht die
Sahne gegen Milch: Die Sahnemenge beliebig reduzie-
ren und den Milchanteil um die gleiche Menge erhöhen.
Barkeeper in den USA nehmen inzwischen einen Sahne-
mix aus halb Milch und halb Sahne, also »half'n half«.

Zum Gebrauch
Damit Sie Rezepte mit bestimmten
Zutaten noch schneller finden können stehen in diesem Register zusätzlich auch beliebte Zutaten wie
Baileys oder **Champagner** – ebenfalls alphabetisch geordnet und
hervorgehoben – über den ent-
sprechenden Rezepten.

A

Amaretto: Tropical Wine Cooler 45
American Beauty 24
Angostura Bitters (Tipp) 18
Aperol
    Aperol Sour (Variante) 20
    Spritz Aperol 14
Apricot Fizz 22
Aviation 25

B

Baileys
    Black Irish 54
    Fruit & Nuts 58
    Saintly Bell 59
Bellini 16
Big Lebowski's (Variante) 50
Birnen-Honig-Smoothie 64
Black Irish 54
Blood & Sand 15
Bombay Crushed (Variante) 44
Bossa Nova 36
Brandy
    Brandy Alexander 59
    Fish House Punch 46
    Brazilian Monk (Variante) 54
Breakfast Martini 29

C

Cachaça: Caipirinha 44
Caipirinha 44
Caribbean Punch 34
Cosmopolitan 24

Champagner
    Champagner Cocktail 18
    Earl Grey Fizz 17
    Elderbubble 12
    French 75 12
    Ginger Champagner 13
    Golden Screw 13
    Russian Spring Punch 18
    Valencia 17
Charlottka (Tipp) 37
Chocolate Puff 52
Cocobanana 51
Coconut Cream
    Cocobanana 51
    Piña Colada 56
Coconut Kiss 65
Cognac: Roman Punch 34
Collinses: Pedro Collins 22
Corsican Breeze (Variante) 40
Cosmopolitan 24
Cranovska (Variante) 44
Crème de Cacao
    Brandy Alexander 59
    Chocolate Puff 52
    Mocha Martini 51
    Saintly Bell 59

D

Death by Chocolate (Variante) 54
Dirty Martini (Tipp) 26
Dry Martini Cocktail 26

E

Earl Grey Fizz 17
Elderbubble 12
Ernest Hemmingway Special 32
Every Day Colada (Variante) 56

F

Fish House Punch 46
Fizzes
    Apricot Fizz 22
    Silver Fizz 23
French 75 12

Fruit & Nuts 58
Fruit Martinis 28

G

Gibson (Tipp) 26
Gin
    Breakfast Martini 29
    Gin Tai (Variante) 32
    Mayflower Martini 29
    Sandstorm 47
Ginger Champagner 13
Gin-Ger Tom 23
Golden Screw 13
Greenwich 65

H

Holler Breeze 65
Honey Colada (Variante) 56
Honiglikör: Wild Honey 54
Hot Wild Honey (Variante) 54
Hurricane 37

I

Ingwer: Ginger Champagner 13
Italian Colada (Variante) 56

K

Kaffeelikör
    Black Irish 54
    White Russian 50
Key Lime Pie 52
Kir (Variante) 16
Kir Royal (Tipp) 16
Kokoslikör: Key Lime Pie 52
Kokossirup: Coconut Kiss 65

L

Lonely Bull (Variante) 50
Long Distance Runner 64
Long Island Iced Tea 41
Low Rider (Variante) 44
Lynchburg Lemonade 38

M/N

Mai Tai 32
Martini
    Dry Martini Cocktail 26
    Original Martini Cocktail
    (Variante) 26
Maserati 14
Mayflower Martini 29
Minze
    Mai Tai 32
    Minzearoma (Tipp) 42
    Mojito 42
Mocha Martini 51
Mojito 42
Moscow Lassi 47
Negroni Sbagliato 11

O

Orangenlikör
    Sandstorm 47
    Total Recall 45
Orchard Breeze 37
Original Martini Cocktail
    (Variante) 26

P

Pedro Collins 22
Piña Colada 56
Pisco Sour (Variante) 20
Prosecco
    Bellini 16
    Maserati 14
    Negroni Sbagliato 11
    Spritz Aperol 14

R

Ramazotti Sour (Variante) 20
Rasberry Lynchberg (Variante) 38
Roman Punch 34
Rossini (Variante) 16
Rude Cosmopolitan (Variante) 24
Rum
    Bossa Nova 36
    Caribbean Punch 34

Chocolate Puff 52
Ernest Hemmingway Special 32
Fish House Punch 46
Hurricane 37
Mai Tai 32
Mojito 42
Piña Colada 56
Zombie 36
Russian Spring Punch 18

S

Saintly Bell 59
Sandstorm 47
Scorpino 49
See Breeze 40
Silver Fizz 23
Smoky Martini (Tipp) 26
Sours
    Aperol Sour (Variante) 20
    Pisco Sour (Variante) 20
    Ramazotti Sour (Variante) 20
    Whiskey Sour 20
Spritz Aperol 14

T

Tatanka (Tipp) 37
Tennessee Rush 38
Tequila
    Long Island Iced Tea 41
    Tequila Sunrise 40
    Total Recall 45
Testarossa (Variante) 16
The Juxtaposition 46
Total Recall 45
Tropical Wine Cooler 45

V

Valencia 17
Virgin Mary 64
Vodkatini (Tipp) 26

W

Watermelon Man 31
Weißwein: Tropical Wine Cooler 45

Whiskey

    Whiskey Sour 20
    Lynchburg Lemonade 38
    Mocha Martini 51
    Tennessee Rush 38
White Russian 50
White Satin (Variante) 50
Wild Honey 54
Wodka
    Comopolitan 24
    Fruit & Nuts 58
    Fruit Martinis 28
    Long Island Iced Tea 41
    Moscow Lassi 47
    Scorpino 49
    See Breeze 40
    The Juxtaposition 46
    Watermelon Man 31
    White Russian 50
    Wodka Tai (Variante) 32

Z

Zombie 36
Zuckersirup (Tipp) 14

DAS ORIGINAL
MIT GARANTIE

Ihre Meinung ist uns wichtig. Deshalb möchten wir Ihre Kritik, aber auch Ihr Lob erfahren, um als führender Ratgeberverlag noch besser zu werden. Darum schreiben Sie uns! Wir freuen uns auf Ihre Post und wünschen Ihnen viel Spaß mit Ihrem GU-Ratgeber.

Unsere Garantie: Sollte ein GU-Ratgeber einmal einen Fehler enthalten, schicken Sie uns das Buch mit einem kleinen Hinweis und der Quittung innerhalb von sechs Monaten nach dem Kauf zurück. Wir tauschen Ihnen den GU-Ratgeber gegen einen anderen zum selben oder ähnlichen Thema um.

GRÄFE UND UNZER VERLAG

Redaktion Kochen & Verwöhnen

Postfach 86 03 13
81630 München
Fax: 0 89/4 19 81-113

oder schreiben Sie uns eine E-Mail an:
leserservice@graefe-und-unzer.de

Programmleitung: Doris Birk
Leitende Redakteurin:
Birgit Rademacker
Redaktion: Tanja Dusy
Lektorat: Maryna Zimdars
Layout, Typografie und Umschlaggestaltung: independent Medien-Design, München
Satz: Uhl + Massopust, Aalen
Herstellung: Martina Ruhland
Reproduktion:
Repro Ludwig, Zell am See
Druck und Bindung:
Appl, Wemding

ISBN (10)   3-8338-0304-5
ISBN (13)   978-3-8338-0304-8
Auflage   5.   4.   3.   2.   1.
Jahr   2010   09   08   07   06

GRÄFE
UND
UNZER

Ein Unternehmen der
GANSKE VERLAGSGRUPPE

Die Autoren

Helmut Adam und **Jens Hasenbein** werden als Bartender bzw. Mixologen »der neuen Generation« bezeichnet, weil sie mit herkömmlichen Mixtraditionen brechen. Seit 2003 sind sie Herausgeber des Magazins »Mixology« für Barkultur, das bereits eine weltweite Fangemeinde hat.
www.mixologymag.de

Der Fotograf

Michael Brauner arbeitete nach Abschluss der Fotoschule in Berlin als Fotoassistent bei namhaften Fotografen, bevor er sich 1984 selbstständig machte. Sein Stil wird überall geschätzt; in der Werbung ebenso wie bei vielen bekannten Verlagen. In seinem Studio in Karlsruhe setzt er die Rezepte zahlreicher GU-Titel stimmungsvoll ins Bild.

Bildnachweis:

alle Fotos: Michael Brauner, Karlsruhe

Titelbildrezept:

Cosmopolitan, Seite 24

GU-EXPERTEN-SERVICE
Haben Sie Fragen zu den Rezepten oder benötigen Sie weiteren Rat zum Thema? Dann schreiben Sie uns. Unsere Experten helfen Ihnen gerne weiter. Unsere Adresse finden Sie links.

Kochlust pur.

Die neuen KüchenRatgeber – da steckt mehr drin.

ISBN (10)   3-8338-0317-7
ISBN (13) 978-3-8338-0317-8
64 Seiten

ISBN (10)   3-8338-0299-5
ISBN (13) 978-3-8338-0299-7
64 Seiten

ISBN (10)   3-8338-0300-2
ISBN (13) 978-3-8338-0300-0
64 Seiten

Preis
je Band:
7,50 € [D]

ISBN (10)   3-8338-0305-3
ISBN (13) 978-3-8338-0305-5
64 Seiten

ISBN (10)   3-8338-0316-9
ISBN (13) 978-3-8338-0316-1
64 Seiten

ISBN (10)   3-8338-0310-X
ISBN (13) 978-3-8338-0310-9
64 Seiten

Änderungen und Irrtum vorbehalten.

Das macht sie so besonders:

Neue mmmh-Rezepte – unsere beste Auswahl für Sie

Praktische Klappen – alle Infos auf einen Blick

Die 10 GU-Erfolgstipps – so gelingt es garantiert

Willkommen im Leben.

Cocktails ohne Alkohol

Birnen-Honig-Smoothie

Long Distance Runner

Virgin Mary

Birnen-Honig-Smoothie: 1 reife grüne Birne waschen, abtrocknen, vierteln, entkernen und in kleine Stücke schneiden. Mit 5 cl trübem Apfelsaft, 1 EL Honig, 50 g Naturjoghurt oder Vanillejoghurt und 5 Eiswürfel in den Mixer geben. Den Mixer verschließen und alles ca. 15 Sek. durchmixen, bis die Mischung sämig ist. Die Mischung aus dem Mixer in ein großes Cocktailglas (38 cl) gießen. 1 Cocktailkirsche mit Stiel in das Glas geben. Den Smoothie mit 2 Trinkhalmen servieren.

Long Distance Runner: Von einer frischen Ananas eine ca. 1 cm dicke Scheibe abschneiden, die Scheibe schälen, vom mittleren Strunk befreien und in kleine Stücke schneiden. Die Ananasstücke, 6 cl Ananassaft und 2 cl Maracujasirup in den Mixer geben. Ein großes Cocktailglas (38 cl) zur Hälfte mit gestoßenem Eis füllen und dazugeben. Den Mixer verschließen und alles 15 Sek. durchmixen. Die Mischung aus dem Mixer in ein großes Cocktailglas gießen. Das Fruchtfleisch ½ Passionsfrucht mit dem Barlöffel herauslösen und auf der Oberfläche des Cocktails verteilen. Den Drink mit 2 Trinkhalmen servieren.

Virgin Mary: 1 kleine Stange Staudensellerie waschen putzen, eventuell von den Fäden befreien und beiseite legen. ½ TL Sahnemeerrettich, 1 Msp. Selleriesalz, 3 cl Worcestersauce, 1 cl frisch gepresster Limettensaft, 12 cl Tomatensaft und 6 Eiswürfel in ein Rührglas geben und mit dem Barlöffel ca. 10 Sek. kräftig durchrühren. Die Mischung aus dem Rührglas durch ein Barsieb in ein Longdrinkglas gießen. Mit schwarzem Pfeffer aus der Mühle übermahlen. Den Staudensellerie in das Glas stecken. Den Drink mit 1 Trinkhalm servieren.

TIPP
Für mehr Schärfe nach Belieben 1–2 Spritzer Tabasco dazugeben.